Avances investigadores y pedagógicos sobre la enseñanza del español: aportes desde el contexto universitario británico

Carlos Soler Montes, Rocío Díaz-Bravo
y Vicens Colomer i Domínguez (Eds.)

Published by Research-publishing.net, a not-for-profit association
Contact: info@research-publishing.net

© 2022 by Editors (collective work)
© 2022 by Authors (individual work)

Avances investigadores y pedagógicos sobre la enseñanza del español: aportes desde el contexto universitario británico
Edited by Carlos Soler Montes, Rocío Díaz-Bravo y Vicens Colomer i Domínguez

Publication date: 2022/08/15

Rights: the whole volume is published under the Attribution-NonCommercial-NoDerivatives International (CC BY-NC-ND) licence; **individual articles may have a different licence**. Under the CC BY-NC-ND licence, the volume is freely available online (https://doi.org/10.14705/rpnet.2022.58.9782383720072) for anybody to read, download, copy, and redistribute provided that the author(s), editorial team, and publisher are properly cited. Commercial use and derivative works are, however, not permitted.

Disclaimer: Research-publishing.net does not take any responsibility for the content of the pages written by the authors of this book. The authors have recognised that the work described was not published before, or that it was not under consideration for publication elsewhere. While the information in this book is believed to be true and accurate on the date of its going to press, neither the editorial team nor the publisher can accept any legal responsibility for any errors or omissions. The publisher makes no warranty, expressed or implied, with respect to the material contained herein. While Research-publishing.net is committed to publishing works of integrity, the words are the authors' alone.

Trademark notice: product or corporate names may be trademarks or registered trademarks, and are used only for identification and explanation without intent to infringe.

Copyrighted material: every effort has been made by the editorial team to trace copyright holders and to obtain their permission for the use of copyrighted material in this book. In the event of errors or omissions, please notify the publisher of any corrections that will need to be incorporated in future editions of this book.

Typeset by Research-publishing.net
Cover layout by © 2022 Raphaël Savina (raphael@savina.net)

ISBN13: 978-2-38372-007-2 (Ebook, PDF, colour)
ISBN13: 978-2-38372-008-9 (Ebook, EPUB, colour)
ISBN13: 978-2-38372-006-5 (Paperback - Print on demand, black and white)
Print on demand technology is a high-quality, innovative and ecological printing method; with which the book is never 'out of stock' or 'out of print'.

British Library Cataloguing-in-Publication Data.
A cataloguing record for this book is available from the British Library.

Legal deposit, France: Bibliothèque Nationale de France - Dépôt légal: août 2022.

Table of contents

v   Authors and editors' biodatas

xi   Prólogo
Vicens Colomer i Domínguez

1   Introducción
Carlos Soler Montes, Rocío Díaz-Bravo y Vicens Colomer i Domínguez

Proyecto ELEUK

11   Descolonizar el currículum de español en ELEUK: origen, expectativas, organización y primeras reflexiones
Lourdes Hernández-Martín

1. Avances en diseño curricular

29   La Lingüística Hispánica como área curricular de los grados universitarios de Español en el Reino Unido
Carlos Soler Montes

55   Retos en torno a la integración de la lengua y el contenido: la incorporación de un MOOC sobre el mundo hispanohablante a un curso de lengua
Alba del Pozo García

2. Avances en gramática

73   El aprendizaje del modo y el aspecto en español como segunda o tercera lengua en el Reino Unido
Lourdes Barquín Sanmartín

89   La (no) declaración: una aplicación didáctica del contraste modal para la clase de ELE
Elena Solá Simón

3. Avances en diversidad

109   Creencias y actitudes lingüísticas de estudiantes universitarios de ELE en Reino Unido hacia las variedades dialectales del español europeo: ceceo, seseo y distinción
Mario Saborido Beltrán

129   Educación sostenible: respondiendo a la diversidad dentro y fuera del aula de español
Marián Arribas-Tomé

4. Avances en didáctica

157   Una cartografía literaria de Vigo
Paula Antela Costa y Marina Rabadán Gómez

173   La enseñanza de Español como Lengua Extranjera en ambientes híbridos de aprendizaje
Alfonso Hernández-Torres

191   Author index

Authors and editors' biodatas

Paula Antela Costa, University of Liverpool
ORCID: 0000-0002-6829-7109

Paula Antela Costa graduated in English language and literature with a minor in French in 2017 at the University de Santiago de Compostela. After her degree, she completed an MA in teaching Spanish as a foreign language at the University of Sevilla (2018). During the school year 2018-2019, she worked as a teaching assistant in Bordeaux as well as taught Spanish at the Instituto Cervantes. When she returned to Spain, she took an MA in Secondary School Education (Foreign Languages) at the University of Santiago de Compostela (2019-2020) while teaching Spanish to international students at the University. Working now as a lecturer at the University of Liverpool, her main interests are digital education, interculturality, gamification, digital humanities, and gender studies.

Marián Arribas-Tomé, University of East Anglia
ORCID: 0000-0003-1838-0315

Marián Arribas-Tomé is Lecturer in translation studies, language and politics, and Spanish at the University of East Anglia in the UK, and a member of the Higher Education Academy. She has worked for six UK universities in Glasgow, London, and Norwich. She develops projects to support diversity and inclusion such as www.spanishbytes.com and www.linguabytes.com. She is also a trustee of the not-for-profit organisation Original Projects and a member of the executive committee of the University Council of Modern Languages. She is working on several innovation and teaching development projects with partners within the European university network Aurora Alliance.

Lourdes Barquín Sanmartín, The University of Edinburgh
ORCID: 0000-0001-7892-2177

Lourdes Barquín Sanmartín holds a BA in translation and interpretation studies, a Postgraduate Certificate in education, and an MA in Spanish applied linguistics. She has a strong background in teaching Spanish in the UK, both in secondary and higher education. She is now based at the University of Edinburgh, where she teaches Spanish and pursues her PhD on language acquisition and hispanic linguistics. Her doctoral research focuses on native English learners of French and Spanish as this is the predominant language combination among British students. Her PhD hypothesis supports that a previous knowledge of French can facilitate the acquisition of the mood and aspect in Spanish, for which she was awarded the British Spanish Society scholarship in collaboration with BBVA in 2021.

Vicens Colomer i Domínguez
ORCID: 0000-0001-6672-3824

Vicens Colomer i Domínguez is Senior Lecturer in Spanish and linguistics at the University of Roehampton (London) and tutor of portfolios and final Master's dissertation at the University of Barcelona (UB), Spain. He has worked as a Spanish language teacher and language teacher trainer in Spain, Ireland, and in the UK. Having completed an MA in teaching Spanish as a foreign language at UB, he is currently finishing his PhD at the University of Roehampton. He has varied research interests, which include differences between learning/acquiring second language and foreign language, the importance of the acquisition of the sociocultural, and intercultural communicative competences and the impact on the identity of a foreign language student while learning a new language. He is currently Chair of ELEUK Association.

Alba del Pozo García, University of Leeds
ORCID: 0000-0003-1081-8917

Dr Alba del Pozo García is Lecturer in Spanish language at the University of Leeds. Before joining Leeds, she taught Spanish at the University of Nottingham and at the University of Birmingham. She has also collaborated with the Instituto Cervantes in Leeds as a language tutor and organised cultural activities. She holds a PhD in Spanish literature, an MA in comparative literature, and a BA in Hispanic studies by the Autonomous University of Barcelona. She also completed a postgraduate training course on teaching Spanish as a foreign language. She is currently interested in the scholarship surrounding teaching

Spanish as a foreign language and language learning methodologies. Specifically, she has published works on peer oral assessment, CLIL (Content and Language Integrated Learning), and intercultural skills.

Rocío Díaz-Bravo, Universidad de Granada
ORCID: 0000-0001-9381-9258

Rocío Díaz-Bravo is Lecturer in Spanish Linguistics at the University of Granada and Visiting Research Associate at King's College London. She has worked as a Spanish language teacher in Spain, Norway, Poland, and, mainly, in the UK (University of Cambridge, Queen Mary University of London, The University of Manchester, London School of Economics, and University College London, where she worked as language coordinator). Having completed an MA in digital humanities, an MA in teaching Spanish as a foreign language, and a PhD in Spanish linguistics, she has varied research interests, which include Spanish linguistics, Spanish language teaching, digital humanities, and technology-enhanced language learning. She is one of the Editorial Assistant of the *Journal of Spanish Language Teaching*.

Lourdes Hernández-Martín, London School of Economics and Political Sciences
ORCID: 0000-0003-2804-4390

Lourdes Hernández-Martín is Language Coordinator (Spanish projects and Arabic language) at the Language Centre of the London School of Economics and Political Sciences. Lourdes is one of the founder members of ELE-UK and currently coordinates, with Dr Carlos Soler Montes, the ELEUK working group on decolonising the teaching of Spanish. Her main research interests are currently the use of ethnography and linguistic landscapes in language learning, and project-based learning. More information at: https://www.lse.ac.uk/language-centre/people/lourdes-hernández-martín

Alfonso Hernández-Torres, Instituto Cervantes de Londres
ORCID: 0000-0003-2078-3666

Alfonso Hernández-Torres holds a PhD in applied linguistics from the University of Granada. He's a Spanish teacher and trainer, first at the Palacky University of Olomouc (Czech Republic) and later at the University of Debrecen, the Cervantes Institute in Budapest (Hungary), Brasilia (Brazil), and the Teacher Training Department of the Cervantes Institute in Madrid (Spain). He's currently a professor at the Cervantes Institute in London. He has also published various articles and teaching materials for Spanish as a foreign language on new technologies and grammatical models from a cognitive point of view. His research areas are TELL (Technology-Enhanced Language Learning), cognitive grammar, and the use of images to teach grammar.

Marina Rabadán Gómez, University of Liverpool
ORCID: 000-0003-2188-0353

Marina Rabadán Gómez holds a Licenciatura Filología Inglesa from the Universidad de Huelva, a Master's degree in teaching Spanish as a foreign language from the Universitat de Barcelona, and a PhD in applied linguistics from Leeds Beckett University. She is a lecturer at the University of Liverpool and her research interests relate to the development of pragmatic competences in students of Spanish as a foreign language. Marina has also trained future teachers of Spanish; she is an author and consultant for SFL materials, and has contributed to research and teaching in Public Service Interpreting training. Her latest publication is "Developing pragmatic competence in students of Spanish FL: A Data-Driven Approach" in Cerdeira Núñez and del Pozo García, 2021.

Mario Saborido Beltrán, The University of Edinburgh
ORCID: 0000-0001-8089-1154

Mario Saborido Beltrán holds an undergraduate degree in English studies (University of Granada) and an MScR in applied linguistics to the teaching of Spanish as a foreign language (Antonio de Nebrija University). He is a tutor in Spanish language and Hispanic cultures at the Department of European

Authors and editors' biodatas

Languages and Cultures (University of Edinburgh), where he is also doing his PhD on linguistic beliefs and attitudes towards the dialectal varieties of peninsular Spanish.

Elena Solá Simón, Universiteit Leiden
ORCID: 0000-0002-3115-1659

Elena Solá Simón is a teacher at the University of Strathclyde. She has an Honours degree in English philology, an MRes in translation studies, and an MPhil in applied linguistics. She is currently undertaking PhD studies at the University of Leiden (Netherlands), in which she is focusing on the implementation of a cognitive-operative approach in the L2 instruction of Spanish mood contrast within a university setting. Her academic interests include applied linguistics, in particular, second language acquisition and pedagogy, translation, and sociolinguistics. She is particularly interested in the implementation of interactive teaching methods in the language classroom and the cognitive-operative approach for the explicit introduction of grammar. Recent publications: 2019, 'A Single Concept to Teach Mood Contrast in Spanish', *Dutch Journal of Applied Linguistics* 8(1), 117-135; 2020, and 'Una Aplicación Empírica de la Gramática Cognitiva-Operativa a la Enseñanza del Contraste Modal en Español (LE)' *marcoELE* 31, 70-90.

Carlos Soler Montes, The University of Edinburgh
ORCID: 0000-0002-4085-9878

Dr Carlos Soler Montes is Senior Lecturer at the University of Edinburgh where he teaches Spanish linguistics and advanced Spanish language courses. He is also the Learning and Teaching Director of the Department of European Languages and Cultures. As a researcher, he is particularly interested in the area of language variation from a pluricentric perspective and how this variation can be dealt with by native speakers, as well as learners of Spanish and new speakers of the language. Carlos is very committed to teaching. He has obtained a thorough training in language pedagogy and has worked as a Spanish language teacher throughout his career, teaching Spanish at various North American Universities (Connecticut, New Mexico, and Calgary) and at the Instituto Cervantes. His most recent book, *La diversidad del español y su enseñanza*, was published by Routledge in 2021.

Prólogo

Vicens Colomer i Domínguez[1]

Este volumen recoge una selección de los trabajos presentados en el Encuentro en línea ELEUK 2021 celebrado los días 9, 10 y 11 de junio de 2021. Para aquellos que lean este prólogo desde el futuro y se pregunten por qué es esta la segunda publicación basada en las comunicaciones de unas conferencias anuales, cuando las primeras fueron en el 2019, la razón es sencilla, la pandemia mundial que hemos sufrido y que no nos permitió realizar nuestro Encuentro anual en el año 2020. Estaba todo preparado, tanto la universidad donde se iba a celebrar, los ponentes que iban a ofrecer conferencias plenarias como las comunicaciones y talleres que los participantes iban a presentar. Sin embargo, una situación inesperada y para la que ninguno de nosotros estaba preparado hizo que el mundo se detuviera, como si de una imagen congelada se tratara, pero con la terrible realidad de los fallecidos por la pandemia que nos hacía ver cuan real y frágil era todo aquello que nos rodeaba. Así pues, frente a esa terrible realidad tuvimos que adaptarnos lo más rápido posible a las nuevas circunstancias y enfrentarnos a las duras realidades, una de ellas, el tener que cancelar nuestro encuentro presencial de un día para el otro.

Así pues, y con la capacidad de adaptación que nos caracteriza a los profesionales de la educación, decidimos cambiar el encuentro presencial por un foro virtual centrado en compartir herramientas digitales que tuvo lugar el 26 de junio de 2020 y que nos ayudara en nuestra nueva forma de enseñanza a la que nos enfrentábamos, esto es, la enseñanza del español como lengua extranjera a nivel universitario a través de la virtualidad. Para ello, muchos de nuestros miembros se ofrecieron a compartir sus conocimientos previos, sus experiencias con las herramientas tecnológicas y sus consejos para aquellos que por primera vez se enfrentaban a una situación de enseñanza en línea. Como punto de partida, la

---

1. Presidente de la Asociación ELEUK, University of Roehampton, London, United Kingdom; vicens.colomer@roehampton.ac.uk; https://orcid.org/0000-0001-6672-3824

Para citar: Colomer i Domínguez, V. (2022). Prólogo. En C. Soler Montes, R. Díaz-Bravo y V. Colomer i Domínguez (Eds), *Avances investigadores y pedagógicos sobre la enseñanza del español: aportes desde el contexto universitario británico* (pp. xi-xiii). Research-publishing.net. https://doi.org/10.14705/rpnet.2022.58.1395

Prólogo

responsable web de nuestra asociación, María José Gonzálvez, nos ofreció una primera charla sobre el tema, seguida de varias aportaciones por parte de otros de nuestros miembros, Andrea Pastor Torres, Ester Borín Bonillo, Jesús Santos, Lourdes Hernández, Isabel Cobo, Manuel Lagares o Carlos Soler Montes. Todos ellos, de forma totalmente desinteresada, compartieron sus conocimientos y nos ayudaron a que la entrada en la enseñanza virtual de lenguas extranjeras nos fuera más llevadera. Con ello, no solo tuvimos la oportunidad de compartir una tarde de aprendizaje, sino que, debido a las circunstancias que no nos permitían salir de casa a ninguno de nosotros, se cumplieron algunas de las máximas de la asociación, quizás las más importantes: compartir conocimiento y crear/mantener una red personal-profesional.

Con el paso de los meses y la adaptación a esa nueva situación social y profesional, desde el comité decidimos que era momento de plantearnos un encuentro que fuera totalmente virtual para el año 2021. La incertidumbre de las circunstancias no nos permitía aventurar si para junio de 2021 la situación iba a permitir juntarnos en persona para un nuevo encuentro como a todos nos hubiera gustado. De nuevo, la realidad nos demostró que eso no hubiera sido posible. En este caso, decidimos invitar a aquellos conferenciantes que iban a participar de forma presencial con nosotros en el Encuentro ELEUK de 2020. Su respuesta fue positiva y los días 9, 10 y 11 de junio de 2021 celebramos el encuentro virtual con las conferencias en línea de Daniel Cassany de la Universitat Pompeu Fabra; Amparo Lallana de Regent's University London y anterior presidenta de la Asociación, instaurando así costumbre de invitar como conferenciante al anterior *Chair* de la Asociación; Rosana Acquaroni Muñoz del Centro Complutense para la Enseñanza del Español de Madrid; y a Estrella Montolío de la Universitat de Barcelona, a cargo de la conferencia de clausura. Además de los conferenciantes invitados, y como viene siendo costumbre en nuestros Encuentros, no hay que olvidar que también contamos con 16 comunicaciones/talleres impartidos, muchos de ellos por nuestros miembros, que nos han permitido la creación de esta segunda publicación conjunta. Entre todas estas participaciones, cabría destacar la iniciativa de nuestra colega y miembro de la asociación Lourdes Hernández-Martín que durante estos dos años de pandemia consiguió crear un grupo de trabajo e investigación compuesto por miembros de la asociación sobre la descolonización del currículum del español y que ahora nos presenta sus primeros resultados.

Desde un punto de vista numérico el Encuentro ELEUK de 2021 fue un éxito con un total de 106 asistentes. Pero en nuestra profesión el éxito no se mide con números o participantes, sino con la satisfacción del oyente, del participante y el placer del trabajo bien hecho. El logro fue el resultado de la colaboración de todos los asistentes y la voluntad y entusiasmo por compartir conocimiento que caracteriza a todos nuestros miembros, tanto institucionales como individuales, pero, sobre todo, de la ayuda organizacional virtual de un equipo de la Universidad de Edimburgo con Carlos Soler Montes al frente.

Es gracias a todo ello por lo que podemos presentar ahora este nuevo libro. Cabe decir que el equipo que hemos trabajado en la edición de este volumen, Carlos Soler Montes, Rocío Díaz-Bravo y, yo mismo, Vicens Colomer i Domínguez (actual presidente de la asociación) nos sentimos especialmente satisfechos con el resultado. Creemos que la calidad de las contribuciones es gran interés por su valor académico, muchas de ellas suponen avances disciplinares y forman parte de investigaciones en curso o relacionadas con la práctica en el aula.

Como nota final, incluyo un apunte personal. Como se ha mencionado con anterioridad, estos dos pasados años han sido para todos difíciles y duros, tanto personal y como profesionalmente hablando. Pasarán a la historia y nosotros y nuestra existencia con ellos. Ha sido un placer para mí contribuir en el desarrollo de los objetivos de la asociación incluso en estas extrañas circunstancias, pero todo llega a su fin. Después de haber participado en la creación de la asociación, haber actuado como responsable de comunicaciones durante cinco años y como presidente durante tres, ha llegado el momento de dar un paso al lado y dejar que sean otros los que nos guíen y nos sirvan de faro. En cualquier caso, ha sido un placer y una excepcional experiencia personal y profesional servir a la Asociación ELEUK.

Introducción

Carlos Soler Montes[1], Rocío Díaz-Bravo[2] y Vicens Colomer i Domínguez[3]

El presente volumen, titulado *Avances investigadores y pedagógicos sobre la enseñanza del español. Aportes desde el contexto universitario británico*, recoge una selección de trabajos de investigación y propuestas didácticas sobre ELE realizadas, en su mayor parte, desde universidades de Reino Unido. Está estructurado en cuatro bloques que reflexionan sobre últimos avances y propuestas disciplinares desde distintos niveles de concreción curricular y ámbitos de intervención pedagógica e investigadora: diseño curricular, contenidos gramaticales, diversidad y propuestas didácticas. Estas cuatro áreas están precedidas por un capítulo sobre el grupo de trabajo de la asociación ELEUK centrado en un proyecto de descolonización del currículum de español. Cada uno de los bloques se subdivide en dos capítulos.

En el capítulo inicial, titulado *Descolonizar el currículum de español: origen, expectativas, organización y primeras reflexiones,* Lourdes Hernández-Martín, partiendo del contexto previo de iniciativas de descolonización de la universidad y su currículum en Reino Unido, explica de manera detallada el origen y perfil del grupo nacido en el seno de la asociación ELEUK, así como sus expectativas, funcionamiento y organización (incluidas las reuniones y las herramientas de gestión del grupo), plan de trabajo y primeras reflexiones de la enseñanza-aprendizaje del español (teniendo en cuenta la enseñanza en contexto universitario, la lengua que enseñamos, los contextos geográficos y los hablantes).

---

1. The University of Edinburgh, Edinburgh, United Kingdom; carlos.soler@ed.ac.uk; https://orcid.org/0000-0002-4085-9878

2. Universidad de Granada, Granada, Spain; rociodiazbravo@ugr.es; https://orcid.org/0000-0001-9381-9258

3. University of Roehampton, London, United Kingdom; vicens.colomer@roehampton.ac.uk; https://orcid.org/0000-0001-6672-3824

Para citar: Soler Montes, C., Díaz-Bravo, R. y Colomer i Domínguez, V. (2022). Introducción. En C. Soler Montes, R. Díaz-Bravo y V. Colomer i Domínguez (Eds), *Avances investigadores y pedagógicos sobre la enseñanza del español: aportes desde el contexto universitario británico* (pp. 1-8). Research-publishing.net. https://doi.org/10.14705/rpnet.2022.58.1396

Introducción

1. Avances en diseño curricular

El primer bloque se centra en 'Avances en diseño curricular' y contiene una aportación sobre lingüística – en concreto, sobre lingüística hispánica – y otra sobre la integración de lengua y contenido en los programas de estudios y el currículum de los grados de Español en el Reino Unido.

Este bloque está encabezado por el capítulo *La Lingüística Hispánica como área curricular de los grados universitarios de Español en el Reino Unido,* en el que Carlos Soler Montes ofrece una panorámica sobre los estudios de Lingüística Hispánica en los programas de grado de Español de las universidades de Reino Unido, basándose en los planes curriculares y los catálogos de asignaturas ofrecidas durante el curso académico 2021/2022 por las 24 universidades británicas adscritas al Russell Group que tienen titulaciones en Español y analizando el número de cursos y su tipología. Defiende de manera crítica la necesidad y utilidad de incorporar contenidos curriculares lingüísticos a los planes de estudio universitarios de Lenguas Modernas, así como la necesidad de que las enseñanzas universitarias relacionadas con los Estudios Hispánicos y de Español partan de una dimensión filológica en la que convivan la lengua extranjera, sus culturas y literaturas con su lingüística como modelo de integración para la formación de los futuros graduados y especialistas de Español y Estudios Hispánicos en Reino Unido.

En el segundo capítulo del bloque sobre diseño curricular, Alba del Pozo García explora los *Retos en torno a la integración de la lengua y el contenido: la incorporación de un MOOC sobre el mundo hispanohablante a un curso de lengua.* Esta propuesta se enmarca en un proyecto implementado en la Universidad de Nottingham y consiste en un análisis cualitativo sobre la adaptación de un MOOC ya existente (destinado a un público variado que podía ir aprendiendo a su ritmo), *Spain and Latin America: Transatlantic Crossing,* a una asignatura semestral del último año del grado de Español, nivel C1 según el *MCER* (Consejo de Europa, 2021). El curso está dividido en cuatro unidades: Conquistadores, Independencias, España Contemporánea y Latinoamérica Contemporánea. Los resultados de este estudio, basados en un análisis cualitativo de una encuesta respondida por los estudiantes, confirman su interés por aprender contenidos culturales y además demuestran la necesidad de ofrecer una definición más precisa de lo que se entiende por cultura de la lengua meta, así como de gestionar sus expectativas.

2. Avances en gramática

El segundo bloque trata sobre 'Avances en gramática' y consta de un capítulo centrado en la adquisición del aspecto y del modo en español por parte de estudiantes de español L2 y de español L3, así como de otro capítulo sobre el contraste modal (concretamente, los conceptos de *declaración* y *no declaración*).

Lourdes Barquín Sanmartín, en su trabajo titulado *El aprendizaje del modo y el aspecto en español como segunda o tercera lengua en el Reino Unido* demuestra que el francés L2, por ser una lengua próxima al español desde el punto de vista tipológico, funciona como puente entre el inglés L1 y el español L3, facilitando el aprendizaje del aspecto y del modo verbal del español a través de transferencias positivas. El francés es la lengua extranjera predominante en la educación primaria en Reino Unido –según las encuestas del British Council (Collen, 2021), Ofsted (2021) y el Department for Education (2014), por lo que se estudia en primer lugar, mientras que el español se introduce normalmente en secundaria, siendo una de las lenguas más estudiadas en la educación secundaria y universitaria. Por ello, en Reino Unido es frecuente encontrar la siguiente combinación lingüística: francés como segunda lengua o L2 y español como tercera lengua o L3. La adquisición del aspecto y del modo en español genera gran dificultad en angloparlantes; además, estas áreas gramaticales presentan riesgo de fosilización en niveles intermedios e incluso avanzados, lo cual señala la relevancia de esta investigación. Se trata de un estudio cuantitativo en el que se demuestra que los errores (relativos al modo y al aspecto) cometidos por aprendices de francés L2 y español L3 son menores que los cometidos por los estudiantes de español L2 gracias a una retroalimentación positiva entre ambas lenguas.

En el siguiente capítulo, titulado *La (no) declaración. Una aplicación didáctica del contraste modal para la clase de ELE*, Elena Solá Simón describe un estudio empírico y una aplicación didáctica basados en el enfoque cognitivo-operativo, concretamente, en los conceptos de declaración y no-declaración (Ruiz Campillo, 2004). La experiencia didáctica, dirigida a estudiantes universitarios británicos de nivel A2+/B1 que estudiaban español como asignatura optativa, consistió en varias presentaciones de PowerPoint en las que se introdujeron conceptos pragmático-discursivos universales y esenciales para entender el contraste modal indicativo/subjuntivo en parejas en las que dichos conceptos sirven como único mecanismo de selección modal. Los resultados del estudio empírico demuestran la efectividad del enfoque cognitivo-operativo, pues los participantes comprendieron claramente los conceptos de declaración y no-declaración como mecanismo para elegir entre ambos modos. En este capítulo se describen además los aspectos más relevantes de los materiales didácticos, concretamente, los Mapas Operativos del Modo (Ruiz Campillo, 2007) usados en el nivel de competencia del alumnado, así como los que se usarán en el próximo nivel de competencia (B1+/B2), en los que se introducen la gran mayoría de las construcciones modales del español, pues se pretende realizar un estudio empírico longitudinal, como se detalla al final del capítulo.

3. Avances en diversidad

El tercer bloque temático se titula 'Avances en diversidad' y consta de dos capítulos: el primero es sobre variación dialectal y el segundo, sobre inclusión y diversidad.

Mario Saborido Beltrán, en el capítulo titulado *Creencias y actitudes lingüísticas de estudiantes universitarios de ELE hacia las variedades dialectales del español europeo: ceceo, seseo y distinción*, presenta un proyecto de investigación en curso cuyo objetivo principal es analizar las creencias y las actitudes lingüísticas actuales de estudiantes universitarios de español de la Universidad de Edimburgo hacia las variedades dialectales del español europeo (el canario, el andaluz y la variedad centro-norte peninsular) y hacia fenómenos fonéticos relativos a la pronunciación de las sibilantes en español (ceceo, seseo y distinción). En esta investigación se sigue una adaptación de la metodología creada para el proyecto PRECAVES-XXI (*Proyecto para el estudio de las creencias y actitudes hacia las variedades del español en el siglo XXI*) (Cestero y Paredes, s. f.). Los primeros resultados, obtenidos en un estudio piloto, ponen de manifiesto que las valoraciones (de carácter tanto afectivo como cognitivo) sobre las variedades centro-peninsular y canaria son, en general, más positivas que las de la variedad andaluza. El autor subraya la necesidad de incluir la diversidad lingüística hispánica en la enseñanza-aprendizaje de ELE, examinando de manera especial los materiales didácticos, para lo cual es esencial que existan actitudes lingüísticas positivas hacia las distintas variedades del español. Por tanto, un estudio sobre creencias y actitudes lingüísticas como el aquí presentado es de gran relevancia.

El segundo capítulo del bloque sobre diversidad se titula *Educación sostenible: inclusión y diversidad enseñando español dentro y fuera del aula*. Su autora, Marián Arribas-Tomé, presenta experiencias de educación sostenible en el aula de español, basadas en un método autoetnográfico y diseñadas desde una perspectiva que pretende dar respuesta a la diversidad en el aula y a visibilizarla fuera de ella. En concreto, se presentan recursos educativos de acceso abierto que responden a la diversidad en el aula y en el mundo hispanohablante disponibles en la plataforma digital Spanish Bytes, desarrollada por la autora. Se explora y se perfila el concepto *sostenible* en relación con la enseñanza de idiomas. Se defiende la importancia de la creación de recursos educativos de acceso abierto para abordar algunos desafíos de la enseñanza de idiomas en el Reino Unido y de las pedagogías antirracistas, pues facilitaría una respuesta rápida, colaborativa y solidaria a las necesidades de enseñanza-aprendizaje, y permitiría la existencia de una mayor cantidad de materiales sobre sostenibilidad y descolonización en la enseñanza de lenguas. Asimismo, se destaca el papel de los docentes de lenguas como agentes sociales de transformación a través de la representación de determinadas comunidades invisibilizadas y de sus problemas, pues, con los instrumentos adecuados y con las contribuciones de los estudiantes, una enseñanza que valora la descolonización y la sostenibilidad puede ir más allá de nuestras aulas.

4. Avances en didáctica

En el último bloque se incluyen dos propuestas didácticas: una cartografía literaria y una experiencia didáctica sobre la enseñanza del español en modalidad híbrida o semipresencial.

Paula Antela Costa y Marina Rabadán Gómez, en su capítulo titulado *Una cartografía literaria de Vigo* presentan una propuesta didáctica que consiste en la realización de una cartografía literaria de esta ciudad llevada a cabo por estudiantes de ELE de nivel B2. Una cartografía literaria supone mapear un lugar físico a través de una obra literaria (Sharp, 1904), por lo que su integración en el currículum facilita la lectura de literatura contemporánea por parte del alumnado – en este caso, *Ojos de Agua* (Villar, 2011) – y su ampliación de conocimientos sobre diversos países y ciudades hispanohablantes. La elección de una novela policiaca permite que el alumnado interactúe con la historia y sus personajes de manera lúdica, pues se involucran en la investigación y van siguiendo sus pasos por la ciudad. A lo largo del semestre, los estudiantes fueron incorporando a un portafolio unas actividades paraliterarias complementarias de la lectura de la novela, a través de las cuales pudieron mejorar tanto la competencia comunicativa como habilidades y conocimientos interculturales y lingüísticos. La tarea final consiste en la presentación de las cartografías en una plataforma elegida por los propios estudiantes, lo que permite el desarrollo de la competencia digital y de sus capacidades creativas.

En el último capítulo, titulado *La enseñanza de español como lengua extranjera en ambientes híbridos de aprendizaje*, Alfonso Hernández-Torres presenta una serie de actividades llevadas a cabo en modalidad híbrida y pilotadas con estudiantes de ELE de varios niveles (A1, A2, B1 y B2) del Instituto Cervantes de Londres con resultados positivos. Para realizar dichas actividades (por ejemplo, una presentación sobre sí mismo en un nivel A1, la presentación de un cartel turístico en un nivel A2, un decálogo de la vida sana para un nivel B1 o la presentación de biografías en un nivel B2) se crearon variados productos (carpeta, cartel, cuestionario, formulario, imagen, infografía, informe, libro, vídeo y reseña) a través de diversas herramientas digitales (Flipgrid, Genially,

Padlet o Thinglink). Esta propuesta didáctica, realizada gracias a la competencia digital del docente, fomenta la creatividad, el estudio autónomo y la mejora de la competencia digital del alumnado.

Este volumen, el segundo publicado por parte la asociación ELEUK tras la aparición de Lallana, Hernández-Martín y Fuertes Gutiérrez (2020), es una fiel representación los intereses, necesidades y también de las respuestas que, desde la comunidad educativa e investigadora británica, se están detectando en el ámbito de la enseñanza del español en centros universitarios y de formación continua, como el Instituto Cervantes. Escrito, evaluado, revisado y editado en su totalidad por integrantes de ELEUK, esta nueva publicación pretende dar un espacio y una voz a los profesionales que convierten su práctica docente diaria en una actividad para la reflexión y para la mejora continua, a través de la investigación como herramienta de desarrollo profesional. Sus trabajos y todos los hallazgos y propuestas reunidos en este volumen y publicados en acceso abierto son un fiel testimonio de las dinámicas generadas y la motivación que se desprende en torno a este proyecto asociativo que se consolida como un referente indiscutible para la comunidad de profesionales del español en el contexto universitario británico.

Referencias bibliográficas

Cestero, A. Mª, & Paredes, F. (s. f.). *Metodología PRECAVES XXI: proyecto para el estudio de creencias y actitudes hacia las variedades del español en el siglo XXI* [online]. http://www.variedadesdelespanol.es

Collen, I. (2021). *Language trends 2021. Language teaching in primary and secondary schools in England. Survey report* [online]. British Council. https://www.britishcouncil.org/sites/default/files/language_trends_2021_report.pdf

Consejo de Europa. (2021). *Marco común europeo de referencia para las lenguas: enseñanza, aprendizaje, evaluación. Volumen complementario.* Ministerio de Educación y Formación Profesional e Instituto Cervantes.

Department for Education. (2014). *The national curriculum in England: key stages 3 and 4 framework* [online]. https://assets.publishing.service.gov.uk/government/uploads/system/uploads/attachment_data/file/381344/Master_final_national_curriculum_28_Nov.pdf

Lallana, A., Hernández-Martín, L., & Fuertes Gutiérrez, M. (2020). (Eds). *Five years of ELEUK conferences: a selection of short papers from 2019*. Research-publishing.net. https://doi.org/10.14705/rpnet.2020.41.9782490057634

Ofsted. (2021). *Curriculum research reviews series: languages* [online]. https://www.gov.uk/government/publications/curriculum-research-review-series-languages/curriculum-research-review-series-languages

Ruiz Campillo, J. P. (2004). El subjuntivo es lógico: una actividad de concienciación. *RedELE: Revista Electrónica de Didáctica ELE, 1*, 11-19.

Ruiz Campillo, J. P. (2007). El concepto de no-declaración como valor del subjuntivo. Protocolo de instrucción operativa de la selección modal en español. In *Actas del programa de formación para profesorado de ELE 2005-2006 del Instituto Cervantes de Múnich* (pp. 284-327). Instituto Cervantes.

Sharp, W. (1904). *Literary geography*. Offices of the Pall Mall Publications.

Villar, D. (2011). *Ojos de agua*. Siruela.

Proyecto ELEUK

1 Descolonizar el currículum de español en ELEUK[1]: origen, expectativas, organización y primeras reflexiones

Lourdes Hernández-Martín[2]

1. Contexto previo[3]

El llamamiento para descolonizar la universidad y su currículum no es nuevo (Pimblott, 2020; hooks, 2010, pp. 23-28). Sin embargo, varios eventos en los últimos diez años han dado un nuevo impulso y visibilidad a este proceso en el Reino Unido. En 2014, algunos estudiantes iniciaron *¿Por qué mi currículum es blanco?* (*Why my curriculum is white?*, en inglés), una campaña que empezó en University College London (UCL) y que después se extendió a otras instituciones (Abou El Magd, 2016). En 2016, los estudiantes de la Universidad de Oxford, siguiendo el ejemplo de sus pares en Ciudad del Cabo, exigieron la retirada de la estatua de Cecil John Rhodes de su campus universitario (Chaudhuri, 2016).

Estos dos movimientos pedían mayor representación de pensadores no europeos, así como una mejor conciencia histórica de los contextos en los que se ha

---

1. Los miembros del grupo son Ester Borín Bonillo, Susana Carvajal, Vicens Colomer i Domínguez, Rocío Díaz-Bravo, Teresa García, María José Gonzálvez, Inés Gutiérrez-González, Lourdes Hernández-Martín, Alana Jackson, Macarena Jiménez Naranjo, Manuel Lagares, Isabel Pérez-Lamigueiro, Paloma Luna y Carlos Soler Montes.

2. London School of Economics, London, United Kingdom; l.hernandez-martin@lse.ac.uk; https://orcid.org/0000-0003-2804-4390

3. En este texto, hemos utilizado la palabra español, pero, coincidimos con Del Valle y Meirinho (2018) somos conscientes de que "el significado y traducibilidad de 'español' está indefectiblemente ligado al vocablo 'castellano', cuyo significado y traducibilidad resultan también inaccesibles si se ignoran los de aquel. Cualquier relato que persiga trazar la historia de este idioma y, especialmente, determinar su origen se encuentra con la coexistencia de, al menos, estas dos palabras. Esta sinonimia, que como tal se manifiesta imperfecta e incómoda, revela también la condición política de la lengua que designa, es decir, su participación en la construcción y cuestionamiento de subjetividades políticas – ya sean regionales, nacionales o sociales" (p. 1).

Para citar este capítulo: Hernández-Martín, L. (2022). Descolonizar el currículum de español en ELEUK: origen, expectativas, organización y primeras reflexiones. En C. Soler Montes, R. Díaz-Bravo y V. Colomer i Domínguez (Eds), *Avances investigadores y pedagógicos sobre la enseñanza del español: aportes desde el contexto universitario británico* (pp. 11-25). Research-publishing.net. https://doi.org/10.14705/rpnet.2022.58.1397

producido el conocimiento académico. Estas campañas para para descolonizar la universidad incluían también debates sobre el plan de estudios y la enseñanza, el apoyo y los resultados para los estudiantes de BAME (*Black and Minority Ethnic,* en inglés), los términos y condiciones para los trabajadores del campus y otros aspectos de la vida universitaria (Sabaratnam, 2017).

Algunas universidades reaccionaron ante las movilizaciones de los estudiantes y establecieron programas, colectivos o redes para reflexionar sobre la descolonización y el racismo. La School of Oriental Studies (SOAS), por ejemplo, estableció un grupo de trabajo que, en 2017, produjo herramientas concretas para esta institución universitaria: un plan de acción y una guía para descolonizar el currículum y las pedagogías de enseñanza (Decolonising SOAS Working Group, 2017). Otras instituciones, sin embargo, no se movilizarían hasta el año 2020 (Howard, 2020) cuando el asesinato de George Floyd y las protestas masivas del movimiento *Black Lives Matter* consiguieron no solo "el reconocimiento de la naturaleza sistémica del racismo que afecta la vida de los africanos y los afrodescendientes, sino también una aceptación más amplia de la necesidad de abordar el pasado para asegurar condiciones de vida futuras que defiendan la dignidad y los derechos de todos"[4] (United Nations High Commissioner for Human Rights, 2021).

El año 2020 sería también el momento en el que aparecen diferentes iniciativas relacionadas con la descolonización del currículum en los departamentos y centros de lenguas en Reino Unido. En junio de 2020, la School of Languages, Linguistics and Film (SLLF), en Queen Mary University of London, se comprometió a abordar el racismo estructural en sus prácticas académicas y acordó desarrollar su plan de estudios en términos de las historias, culturas y perspectivas de las personas de color y las minorías étnicas (SLLF, 2020).

En septiembre de 2020, el Institute of Modern Languages Research (IMLR) organizó un congreso dedicado a compartir ideas y prácticas existentes para descolonizar los currículos de lenguas en el Reino Unido porque "si la

---

4. Traducción de la autora.

investigación ha comenzado a adoptar cambios, está mucho menos claro cómo se ha transformado el panorama de la enseñanza de idiomas"[5] (IMLR, 2020).

Septiembre de 2020 sería también el inicio de la red para la descolonización de la enseñanza de lenguas de la Association of University Language Communities (AULC), una organización para el personal que trabaja en departamentos y centros de idiomas de educación superior en el Reino Unido e Irlanda. La red de AULC dedicó siete meses a la escritura del borrador de un manifiesto con plan de acción.

En el preámbulo del manifiesto, los firmantes se oponen a todas las formas de abuso, individuales o estructurales, en la enseñanza universitaria y creen que hay que identificarlas y reflexionar sobre ellas. Además, se comprometen a ofrecer a los estudiantes de lenguas un entorno de aprendizaje diverso, inclusivo e internacionalista que aborde las desigualdades (AULC Decolonising Network, 2021).

El borrador de AULC presenta cuarenta y cinco acciones agrupadas en seis objetivos estratégicos: robustecer la reflexión sobre la descolonización en la educación superior, promover la agenda de justicia social, mejorar la situación profesional de los profesores de lenguas, fortalecer los vínculos entre el aprendizaje de idiomas y la educación intercultural, aumentar la provisión de idiomas menos enseñados y normalizar la diversidad.

2. Origen del grupo de reflexión sobre descolonización del currículum de español en ELEUK

En febrero de 2021, la red de AULC inició un periodo de consulta sobre el borrador del manifiesto con diferentes profesionales y asociaciones relacionados con la enseñanza de las lenguas en el Reino Unido. Entre otros, la red contactó

---

5. Traducción de la autora.

con la Association for the Teaching of Spanish in Higher Education in the United Kingdom (ELEUK). El 26 de marzo de 2021, se reunieron, a través de videoconferencia, quince miembros de ELEUK interesados en dar su opinión sobre el borrador del manifiesto.

Durante la reunión, los presentes manifestaron su interés por entender mejor el significado de *descolonización* y, como otros colegas en diferentes disciplinas (Arshad, 2021), se preguntaban cómo aplicar este proceso a la enseñanza del español en el contexto universitario. Ese mismo día se creó el grupo de reflexión sobre descolonización del currículum de ELEUK[6].

3.   Perfil del grupo

Un breve perfil del grupo revelará que este grupo no es representativo del profesorado de español en el contexto universitario del Reino Unido y, por tanto, las preguntas que se plantea y sus reflexiones pueden no ser las mismas que las de otros colegas de la profesión.

El grupo está formado ahora por catorce profesores de doce instituciones del Reino Unido y una de España. Doce trabajan en departamentos de lenguas modernas y dos, en centros de idiomas. Varios miembros del grupo tienen responsabilidades de gestión o de coordinación de sus cursos y/o secciones.

Todos los miembros del grupo enseñan lo que definen como "cursos de lengua", "cursos de lengua y sociedad" o "cursos de lengua y cultura" en niveles que van desde el A1 al C2 del *Marco común europeo de referencia para las lenguas* (MCER). Los catorce miembros del grupo enseñan en cursos de grado y postgrado. Solo una profesora del grupo enseña además en cursos de *Languages for all*. Cuatro miembros del grupo dan cursos de gramática, habilidades orales o conversación. Para sus clases y dependiendo de la institución en la que trabajan,

---

[6]. Los miembros del grupo son Ester Borín Bonillo, Susana Carvajal, Vicens Colomer i Domínguez., Rocío Díaz-Bravo, Teresa García, María José Gonzálvez, Inés Gutiérrez-González, Lourdes Hernández-Martín, Alana Jackson, Macarena Jiménez Naranjo, Manuel Lagares, Isabel Lamigueiro, Paloma Luna y Carlos Soler Montes.

nueve combinan el uso de libros de texto (todos publicados en España) con materiales creados, y cinco crean todos los materiales de sus cursos.

Entre los que trabajan en los departamentos de lengua, cinco miembros enseñan *Cultura de España (lenguas minoritarias) y Latinoamérica, Cultural responses to the Mexican Revolution, Bilingüismo y lenguas en contacto, Historia de la lengua, Sociolingüística y Variedades del español, Lingüística o Metodología de aprendizaje/enseñanza de lenguas extranjeras.*

4. Primeras reuniones: expectativas, organización y herramientas de gestión del grupo

En las primeras reuniones (de mayo a septiembre de 2021), el grupo se centró en dos aspectos: entender cuáles eran sus expectativas y cómo llevarlas a cabo.

4.1. Expectativas

La creación de este grupo, para la mayoría respondía a la necesidad de familiarizarse con los diferentes significados y usos del término *descolonización*, así como descubrir las relaciones existentes entre *descolonización* y otros conceptos como diversidad, *antirracismo, interseccionalidad, competencia intercultural, translenguar* y *multilingüismo*.

Se buscaba también compartir materiales y pedagogías adecuadas para descolonizar la enseñanza del español en el contexto universitario aprovechando la investigación, los conocimientos y las experiencias de los distintos miembros del grupo. El grupo de reflexión nacía, por tanto, bajo uno de los objetivos principales de la asociación ELEUK, que consiste en "ser una plataforma para que profesionales especializados en la enseñanza del español se reúnan y compartan sus conocimientos y experiencia en el campo" (ELEUK, 2014).

El grupo respondía también a la necesidad de encontrar un espacio seguro en el que expresar dudas, temores, desconocimiento e incluso, malestar. Por ejemplo, algunos miembros del grupo "no se sentían cómodos o seguros" en sus contextos de trabajo para expresar su descontento con el contenido de los cursos, con la invisibilidad de ciertas variedades del español, con la jerarquía "clases de contenido" frente a "clases de lengua" o con el nombre del departamento.

La reflexión, que se asocia con el aprendizaje profesional y la mejora de la práctica, también está estrechamente relacionada a procesos de empoderamiento (Thelin, 2020, p. 1). Así, a través de este grupo de reflexión, los miembros aspiran a desarrollar las herramientas necesarias para participar en los diferentes foros dedicados a la descolonización en las universidades en las que trabajan.

4.2. Organización

La organización del proceso de reflexión fue otro aspecto que se decidió en las primeras reuniones. Las reuniones tendrían lugar en línea y se eligieron dos coordinadores, Carlos Soler Montes y Lourdes Hernández-Martín, para que el trabajo de coordinación fuera compartido. La elección de estas dos personas respondía, así pues, a la necesidad de crear actividades y generar discusiones que fueran relevantes para los contextos de trabajo universitarios representados en el grupo de reflexión: departamentos y centros de lengua. El profesor Soler Montes trabaja en la sección de Español, Portugués y Estudios Latinoamericanos del Departamento de Lenguas y Culturas Europeas de la Universidad de Edimburgo y la profesora Hernández-Martín, en el Centro de Lenguas de London School of Economics.

El grupo se reúne de manera regular (cada seis u ocho semanas) en la plataforma Microsoft Teams. Las reuniones en línea sirven para poner en común las reflexiones generadas por las actividades propuestas entre sesión y sesión. Dados los horarios intensos de trabajo de todo el grupo, se hace todo lo posible para que las reuniones tengan una hora de duración. La asistencia a estas sesiones varía entre seis y doce miembros. El interés y el compromiso con el grupo de reflexión no ha decrecido: en el año de funcionamiento del grupo, los miembros que no pueden asistir a las reuniones se ponen en contacto con los coordinadores para excusarse y para solicitar un resumen de las sesiones.

Entre reuniones, el grupo utiliza dos herramientas colaborativas de trabajo para seguir en contacto: la plataforma Microsoft Teams y el marcador social Diigo.

El espacio de comunicación virtual del grupo en Teams cuenta con una página común y seis canales que son gestionados, en parejas, por los miembros del grupo. Los canales están divididos en conceptos, pedagogía, enseñanza L2, universidades, español-contenidos lingüísticos y español-contenidos socioculturales.

En cada canal, los miembros del grupo comparten lecturas y reflexiones sobre diferentes temas. Una de las actividades de las reuniones, por ejemplo, ha sido que las parejas responsables de los canales seleccionen las ideas más interesantes de su canal para generar la discusión del grupo.

Hay un sexto canal (General), gestionado por los coordinadores. Una de las actividades de este canal ha sido 'Reflexiones de cinco minutos', en las que, con preguntas y lecturas asociadas, se invita a reflexionar sobre el español como lengua global, la enseñanza del español y la relevancia de las variantes cultas o académicas, los usos de los términos 'español' o 'castellano' para nombrar la lengua que enseñamos o los términos que utilizamos para referirnos a la geografía de la lengua que enseñamos ('España y América Latina', 'países hispanos', 'comunidades que hablan español', etc.).

Los textos escritos en el canal en 'Reflexiones de cinco minutos' fueron también utilizados para organizar el contenido de las reuniones.

El marcador social Diigo (Figura 1) se utiliza para recoger materiales para la descolonización de la clase de español en el contexto universitario. Diigo permite la creación de etiquetas para cada una de sus entradas y, de esta forma, el grupo va no solo identificando temas, contextos y hablantes para la descolonización del currículum, sino también reflexionando sobre la terminología utilizada para clasificar dichos materiales. El grupo ha recogido hasta ahora (marzo 2022) más de cien materiales diferentes que incluyen artículos, vídeos, páginas web temáticas, libros, cortometrajes, etc.

Capítulo 1

Figura 1. Algunos materiales recogidos en la cuenta de Diigo del grupo

Entre las actividades futuras del grupo, se analizarán los términos elegidos para clasificar estos materiales y se evaluará si dichos materiales se pueden considerar 'descolonizados' o 'por descolonizar'. El grupo también evaluará si los materiales serán de acceso público.

5. Primeras reflexiones sobre la descolonización y enseñanza-aprendizaje del español

En esta sección nos gustaría recoger algunas de las reflexiones sobre la descolonización del currículum de la enseñanza del español en contexto universitario presentadas en las reuniones del grupo o recogidas en las herramientas utilizadas y en un breve cuestionario.

5.1. Sobre la enseñanza en contexto universitario

La enseñanza universitaria de lenguas se divide entre las llamadas 'clases de lengua' y 'clases de contenido'. Dicha división se basa, entre otros aspectos (ver los capítulos de Carlos Soler Montes y Alba del Pozo García en este mismo volumen, así como Díaz-Bravo, 2021), en la premisa de que las 'clases de lengua' están desprovistas de contenido. Esta idea no es solo falsa, sino que además el contenido presentado en las 'clases de lengua' puede ir en contra de procesos de descolonización emprendidos en las llamadas 'clases de contenido'. Los análisis hechos por el grupo de reflexión de unidades didácticas de libros de texto, utilizados por miembros del grupo en sus departamentos o centros de lengua, corrobora los resultados encontrados por Morales-Vidal y Cassany (2020). El mundo reflejado en estas unidades era

> "urbano, contemporáneo y rico, con una mayoría de ciudadanos blancos, jóvenes y adultos, en edad laboral y acomodados. Hay pocas personas racializadas, solo algunos ancianos y no hay mendigos, parados o pobres, presos, enfermos o migrantes o refugiados. Son personas independientes, con trabajos cualificados e interesantes. Visten bien, de manera informal, pueden ir de vacaciones y tener sus espacios de ocio. […] Es un retrato simplista, alejado de la realidad compleja, con escaso detalle, centrado en lo más complaciente y convencional. […] En sus actividades, sitúan a los aprendices en empleos cualificados y prácticas consumistas que perpetúan y reproducen la lógica capitalista. Así, contribuyen a la concepción neoliberal de los idiomas como bienes materiales cuyo fin es aumentar la empleabilidad" (Morales-Vidal y Cassany, 2020, n.p.).

En los libros de texto analizados por el grupo, hay además un desequilibrio entre la atención dedicada a los contextos de España y de Latinoamérica. España es el fondo en el que se presentan diferentes temas, textos, variedad de lengua, etc.; los contextos de Latinoamérica son anecdóticos y, por ejemplo, si se mencionan variedades del español de otros países se hace siempre en contraste con la variante norte peninsular española que es la elegida por los libros analizados.

Parece haber también una tendencia a polarizar España, por un lado, y los 'otros países' de habla hispana (siempre de Latinoamérica), por otro. Como ya descubrió Ros i Solé (2013), en su análisis sobre el libro de texto Aula Internacional, España se suele asociar con "modernidad, racionalidad y el mundo del trabajo", mientras que Latinoamérica se asocia con "un mundo más exótico y con prácticas más tradicionales" (pp.169-181).

Todas las 'clases de lengua' tienen contenido y este se manifiesta en cada uno de los materiales utilizados, incluso en las ejemplificaciones gramaticales. Por lo tanto, si queremos descolonizar la enseñanza del español en la universidad es necesario un trabajo de equipo y en diálogo en el que participen todos los miembros de los equipos de los departamentos y de los centros de lengua, y donde a las llamadas 'clase de lengua' se les dé el contenido que requiere la enseñanza en el contexto universitario, diferente al de una escuela de turismo o de negocios (Del Valle, 2014, p. 370).

5.2. Sobre la lengua que enseñamos

"El español es una lengua que hoy hablan más de 591 millones de personas en el mundo. Es la segunda lengua del mundo por número de hablantes nativos y el segundo idioma de comunicación internacional" (Instituto Cervantes, 2021, p. 1). Esta es la demografía de español que se celebra en muchos libros de texto utilizados por los miembros del grupo de reflexión y probablemente una de las razones por las que los estudiantes la eligen en sus estudios universitarios.

La descolonización de la enseñanza del español en el contexto universitario puede iniciarse buscando las respuestas a tres preguntas: por qué se ha llegado a estas cifras, cómo se ha llegado a ellas y quiénes son esos hablantes. Responder estas preguntas, nos ayudaría a tener una imagen del español (y a crear materiales que generen esa nueva imagen) mucho más compleja de la que se presenta a los estudiantes actualmente en el contexto universitario. Descubriríamos una lengua que nace y se implanta, en sus viajes coloniales o migratorios, en contextos multilingües y que, en sus contactos con otras lenguas (y sus hablantes), establece relaciones que van de la cooperación a la aniquilación pasando por apropiación, enriquecimiento, y marginación, entre otras.

El español es hoy una lengua policéntrica y polifónica (Company Company, 2019) que se manifiesta en diferentes variedades. En nuestra enseñanza debemos celebrar, encontrando las pedagogías y materiales adecuados para cada nivel de aprendizaje, todas ellas. Si elegimos, en departamentos y centros de lengua, una variedad, tiene que ser una elección consciente del contexto cultural, político y social en el que tiene lugar. Dicha elección y su origen tienen que ser presentados explícitamente a los estudiantes (Del Valle, 2014, p. 370). De la misma forma que no hay unas clases sin contenido, tampoco hay una variedad neutra.

5.3. Sobre los contextos geográficos

"Cuando hablamos del español pensamos intuitivamente en el idioma de España y del conjunto de los países de Hispanoamérica" (Serrano Avilés, 2014), afirmaba el embajador de España en Kenia, Javier Herrera García-Canturri en la introducción de la *Enseñanza del español en África subsahariana*. Parece que esa intuición es la misma que guía a la mayoría de los libros de texto utilizados por los profesores del grupo de reflexión y a los programas de enseñanza en los que trabajan.

La enseñanza del español debe romper con esta visión colonial de metrópoli (España) y contexto colonial parcial (Hispanoamérica/Latinoamérica) y debería presentar esta lengua en la diversidad de contextos en los que existe. Empezando por dar el mismo peso a todos los países en los que el español es lengua oficial *de iure*, incluyendo Guinea Ecuatorial, o *de facto* sin olvidarnos de las culturas y lenguas con las que coexiste en dichos países.

5.4. Sobre los hablantes

Los contextos del español tienen que reflejar la diversidad de sus hablantes dentro y fuera de las fronteras en las que el español es lengua oficial *de iure* o *de facto*. Tendríamos, por tanto, que incluir Filipinas, el Sáhara Occidental y Estados Unidos. Además, una vez que entendamos que el uso de las categorías "lengua extranjera" y "lengua de herencia" son construcciones coloniales (García, 2019, p. 152) y rechacemos, como aconseja Piller (2016, p. 62), el "principio territorial" que define las prácticas de lengua como pertenecientes o no pertenecientes a un territorio dado y excluye a hablantes legítimos, nuestros estudiantes tendrán la oportunidad de conocer a hablantes de las diásporas y comunidades migrantes (Londres, Edimburgo, Berlín, Estocolmo, etc.).

Por tanto, al responder a las preguntas por qué y cómo es posible que el español sea una lengua que hoy hablan más de 591 millones de personas, tendremos que incluir (y presentar a nuestros estudiantes) hablantes que hasta ahora han sido excluidos y cuyos discursos han sido deslegitimados como el de la activista zapoteca Eufrosina Cruz Mendoza en su breve *Ted Talk* titulado '¿Cómo arrebaté los derechos que la vida me negó?'[7] en el que describe cómo se vio obligada a aprender el español para defender sus derechos en México o la del escritor guineano Juan Tomás Ávila en el documental 'El escritor del país sin librerías'[8] donde reflexiona por qué su apellido es el nombre de una ciudad española. Podremos incluir también a las mujeres colombianas que se reúnen en la asociación Mujer Diáspora en Londres, Estocolmo y Barcelona para hablar de sus experiencias durante el conflicto armado (Abdurrezak, 2018) o al grupo Kombilesa Mi[9] que fusiona el Hip Hop con ritmos tradicionales para proteger la lengua criolla palenquera.

6. Conclusiones

En la primera reunión 'oficial', mientras el grupo hablaba de las expectativas que tenía, varios colegas expresaron su profundo escepticismo ante el 'giro decolonial' de las instituciones universitarias en las que trabajan. Descolonización 'de verdad' tendría que llevarnos a un cambio radical en la educación, en el sistema universitario y sus estructuras. Las universidades 'están haciendo un lavado de cara', aseguraban algunos, frente a las demandas de los estudiantes que, desde la implementación de las tasas universitarias son vistos más como clientes de los servicios educativos universitarios que como estudiantes. Las expectativas frente al 'giro decolonial' a nivel institucional eran nulas.

---

7. https://youtu.be/UJYZV4Yaok8

8. https://vimeo.com/513819150

9. https://youtu.be/JgnYJWKyecE

En aquella primera reunión, sin embargo, todos los miembros del grupo vieron en ese 'giro decolonial' una oportunidad para iniciar un proceso de reflexión crítica y en diálogo, preparados a problematizar lo que enseñan y cómo lo enseñan, y a evaluar hasta qué punto 'su mente está colonizada'. Todos ellos se mostraron dispuestos a iniciar un viaje que, un año después, describen como 'de importante descubrimiento personal', 'de constante cuestionamiento de lo que enseño' o 'iluminador y radical'.

El grupo de reflexión de ELEUK seguirá trabajando este próximo año centrándose en las prácticas pedagógicas que implementan en sus clases y en materiales para descolonizar el currículum.

El grupo de reflexión de ELEUK espera que otros colegas se animen a llevar a cabo procesos parecidos y así, empezar a crear un 'ecosistema' más descolonizado donde la reflexión crítica de lo que enseñamos y cómo lo enseñamos sea parte de la formación del profesorado y de su práctica profesional cotidiana (hooks, 2010; Hawkins y Norton, 2009).

Referencias bibliográficas

Abdurrezak, A. (2018). *La Comisión de Verdad, Memoria y Reconciliación de las Mujeres Colombianas en la Diáspora*. https://enunlugardelondres.wordpress.com/2018/10/24/la-comision-de-verdad-memoria-y-reconciliacion-de-las-mujeres-colombianas-en-la-diaspora/

Abou El Magd, N. (2016). *Why is my curriculum white? Decolonising the academy*. https://www.nusconnect.org.uk/articles/why-is-my-curriculum-white-decolonising-the-academy

Arshad, R. (2021). *Decolonising the curriculum – how do I get started?* https://www.timeshighereducation.com/campus/decolonising-curriculum-how-do-i-get-started

AULC Decolonising Network. (2021). *Draft of manifesto with action plan*. Association of University Language Communities.

Chaudhuri, A. (2016). *The real meaning of Rhodes must fall*. The Guardian. https://www.theguardian.com/uk-news/2016/mar/16/the-real-meaning-of-rhodes-must-fall

Company Company, C. (2019). Jerarquías dialectales y conflictos entre teoría y práctica. Perspectivas desde la Asociación de Academias de la Lengua Española (ASALE). *Journal of Spanish Language Teaching*, 6(2). https://doi.org/10.1080/23247797.2019.1668179

Decolonising SOAS Working Group. (2017). *Decolonising SOAS*. https://blogs.soas.ac.uk/decolonisingsoas/

Del Valle, J. (2014). The politics of normativity and globalization: which Spanish in the classroom? *The Modern Language Journal*, 98(1), 358-372. https://doi.org/10.1111/j.1540-4781.2014.12066.x

Del Valle, J., & Meirinho, V. (2018). *Español (y Castellano)*. City University of New York Graduate Center.

Díaz-Bravo, R. (2021). Modern languages students as linguists and teachers. In A. de Medeiros & D. Kelly (Eds), *Language debates: theory and reality in language learning, teaching and research* (pp. 107-118). John Murray Press.

ELEUK. (2014). *History and aims*. https://www.eleuk.org/about/history-and-aims/

García, O. (2019). *Decolonizing foreign, second, heritage, and first languages: implications for education*. In D. Macedo (Ed.), *Decolonizing foreign language education. The misteaching of English and other colonial languages* (pp. 152-168). Routledge. https://doi.org/10.4324/9780429453113-6

Hawkins, M., & Norton, B. (2009). Critical language teacher education. In A. Burns & J. C. Richards (Eds), *The Cambridge guide to second language teacher education* (pp. 30-39). Cambridge University Press.

hooks, b. (2010). *Teaching critical thinking: practical wisdom*. Routledge.

Howard, N. (2020). *Investigation: what changes have British universities made since BLM?* https://thetab.com/uk/2020/10/29/investigation-what-changes-have-british-universities-actually-made-since-blm-178008

IMLR. (2020). *Decolonising modern languages: a symposium for sharing practices and ideas*. Institute of Modern Language Research. https://modernlanguages.sas.ac.uk/events/event/22797

Instituto Cervantes. (2021). *El español: una lengua viva*. https://cvc.cervantes.es/lengua/anuario/anuario_21/informes_ic/p01.htm

Morales-Vidal, E., & Cassany, D. (2020). El mundo según los libros de texto: análisis crítico del discurso aplicado a materiales de español LE/L2". *Journal of Spanish Language Teaching*, 7(1), 1-19, https://doi.org/10.1080/23247797.2020.1790161

Piller, I. (2016). *Linguistic diversity and social justice: an introduction to applied sociolinguistics*. Oxford University Press. https://doi.org/10.1093/acprof:oso/9780199937240.001.0001

Pimblott, K. (2020). Decolonising the university: the origins and meaning of a movement. *The Political Quarterly, 91*(1), 210-216. https://doi.org/10.1111/1467-923X.12784

Serrano Avilés, J. S. (2014). (Ed.). *La enseñanza del español en África subsahariana*. Los Libros de la Catarata. https://cvc.cervantes.es/lengua/eeas/

Ros i Solé, C. (2013). Spanish imagined: political and subjective approaches to language textbooks. In J. Gray (Ed.), *Critical perspectives on language teaching materials* (pp. 161-181). Palgrave Macmillan. https://doi.org/10.1057/9781137384263_8

Sabaratnam, M. (2017). *Decolonising the curriculum: what's all the fuss about?* https://blogs.soas.ac.uk/decolonisingsoas/2017/01/18/decolonising-the-curriculum-whats-all-the-fuss-about/

SLLF. (2020). *Decolonising our curriculum*. School of Languages, Linguistics and Film. https://www.qmul.ac.uk/sllf/news/stories/decolonising-our-curriculum.html

Thelin, K. (2020). Creating a reflective space in higher education: the case of a Swedish course for professional principals. *Learning and Teaching, 13*(3), 1-17. https://doi.org/10.3167/latiss.2020.130302

United Nations High Commissioner for Human Rights. (2021). *Agenda towards transformative change for racial justice and equality*. https://www.ohchr.org/EN/Issues/Racism/Pages/Call-Implementation-HRC-Resolution-43-1.aspx

1. Avances en diseño curricular

2 La Lingüística Hispánica como área curricular de los grados universitarios de Español en el Reino Unido

Carlos Soler Montes[1]

Resumen[2]

Este trabajo pretende ofrecer una panorámica informada sobre la posición que ocupa la lingüística y, más en concreto, la lingüística hispánica dentro de los programas de grado de Español de las universidades británicas. Para ello, partiendo de una introducción a los Estudios Hispánicos en el ámbito universitario anglosajón y del papel secundario que tradicionalmente ha ocupado la lingüística dentro del hispanismo desarrollado desde este contexto, nos cuestionaremos de manera crítica la necesidad y la utilidad de incorporar contenidos curriculares asociados con la lingüística en los planes de estudios universitarios que forman parte del ámbito disciplinar de las Lenguas Modernas. Además, profundizaremos en el caso particular del Reino Unido para presentar datos concretos sobre universidades y titulaciones de Español que incorporan cursos o componentes explícitos de Lingüística Hispánica en su currículum, analizando tanto

---

1. The University of Edinburgh, Edinburgh, United Kingdom; carlos.soler@ed.ac.uk; https://orcid.org/0000-0002-4085-9878

2. This paper aims to present an informed overview of the position that Linguistics, and more precisely Spanish Linguistics, currently have within various Spanish degree programmes at British universities. In order to do this, I will start offering an introduction to Hispanic Studies in the English-speaking higher education context, which will allow us to understand the minor role that Linguistics has traditionally played within the historical trends that have conformed the studies around Hispanism in this particular context. I will also question critically the need and usefulness of incorporating curricular content associated with Linguistics in the disciplinary field of Modern Languages as part of university curricula. In addition, I will analyse the particular case of the United Kingdom to examine specific data on universities and Spanish programmes that incorporate Hispanic Linguistics as an explicit component in their curriculum, presenting the number of courses offered and their typology. The results of this study will be based on the analysis of the degree programme regulations and course catalogues published for the academic year 2021/2022 by the 24 British universities of the Russell Group that offer degrees in Spanish. This analysis will help us determine current curricular tendencies in Spanish and other Modern Languages degrees, understanding their structure and identifying if they offer a philological dimension, in which language, literatures, cultures and linguistics coexist as part of the necessary training for future graduates and specialists in Spanish and Hispanic Studies in the United Kingdom.

Para citar este capítulo: Soler Montes, C. (2022). La Lingüística Hispánica como área curricular de los grados universitarios de Español en el Reino Unido. En C. Soler Montes, R. Díaz-Bravo y V. Colomer i Domínguez (Eds), *Avances investigadores y pedagógicos sobre la enseñanza del español: aportes desde el contexto universitario británico* (pp. 29-53). Research-publishing.net. https://doi.org/10.14705/rpnet.2022.58.1398

el número como su tipología. Los resultados de este estudio, basados en los planes curriculares y los catálogos de asignaturas disponibles durante el curso académico 2021/2022 de las 24 universidades británicas adscritas al Russell Group que ofrecen programas de grado en Español, nos ayudarán a entender y a justificar hasta qué punto es necesario que las enseñanzas universitarias relacionadas con el Español y los Estudios Hispánicos partan de una dimensión filológica en la que la lengua extranjera, las literaturas y las culturas de dicha lengua convivan con su lingüística como modelo de integración para la formación de los futuros graduados y especialistas del español en Reino Unido.

Palabras clave: Español, Lenguas Modernas, Lingüística Hispánica, universidad, hispanismo.

1. Introducción a los Estudios Hispánicos en el ámbito universitario anglosajón

1.1. El hispanismo anglosajón

Este trabajo aspira a convertirse en una reflexión crítica en torno al papel de la lingüística como área de conocimiento y de estudio en los programas universitarios de grado en Español o Estudios Hispánicos[3] en regiones no hispanohablantes o países donde el español no es lengua oficial. Hemos decidido centrarnos en el mundo anglosajón, partiendo en primer lugar de una panorámica general sobre la situación de Estados Unidos, Reino Unido y Canadá, por motivos de demografía lingüística y de tradición académica hispanista sólida como los que se mencionan a continuación.

---

3. A lo largo de este estudio utilizaremos términos como Español, Estudios Hispánicos o Lingüística Hispánica, entre otros, en mayúsculas para referirnos a nombres de titulaciones académicas, asignaturas o contextos curriculares oficiales y en minúsculas para nombrar áreas de conocimiento o disciplinas académicas de manera general.

De acuerdo con los datos publicados por el Instituto Cervantes (2021, p. 11), los cinco primeros países o regiones del mundo no hispanohablante por número de hablantes de español tanto de dominio nativo (comunidades de migrantes, hablantes de herencia, expatriados, entre otros) como no nativo (estudiantes, aprendices o usuarios de español con competencia parcial o limitada) son los siguientes (Tabla 1).

Tabla 1. Hablantes de español en países donde el español no es lengua oficial (Instituto Cervantes, 2021, p. 11)

País	Grupo Dominio Nativo	Grupo Competencia Limitada
Estados Unidos	41.757.391	15.000.000
Unión Europea	1.267.000	25.975.000
Reino Unido	133.000	4.824.000
Marruecos	6.586	1.664.823
Canadá	439.110	293.000

En este mismo documento, se publican las últimas estimaciones en relación al número total de estudiantes formales de español como lengua extranjera en el mundo que en su totalidad superan los 24 millones de alumnos. Entre ellos, hay un 34 % provenientes de los Estados Unidos y un 8 % del Reino Unido (Instituto Cervantes, 2021, p. 25). Dentro de estas cifras encontramos a los estudiantes de español adscritos a los contextos universitarios que más nos interesan en la presente investigación, 712.240 estadounidenses y 21.505 británicos (Instituto Cervantes, 2021, p. 15).

Parece pues justificado y también necesario hablar de la enseñanza de español en contextos universitarios anglosajones partiendo de los datos relacionados con países como Estados Unidos, Reino Unido o Canadá por su peso demográfico tanto de habitantes hispanohablantes, como de hispanófonos o de hispanoproclives, si seguimos la terminología propuesta por López García (2006). Junto a estas comunidades de habla, cabe referirse también al hispanismo, a sus tradiciones académicas e investigadoras, sistemas universitarios compartidos y áreas de conocimiento humanístico comunes entre estas tres naciones. Se trata de un hispanismo de cuño anglosajón, encabezado probablemente por los hispanistas británicos que desde hace ya varios siglos "han ejercido una mayor influencia global" haciendo de Gran Bretaña toda una "meca del hispanismo" (Peyró Jiménez, 2021), junto a la "omnipresencia del español" en Estados Unidos, en cuyas universidades también se encuentran grandes "figuras del hispanismo actual" (Bueno Hudson, 2021) que a su vez han posicionado al país "como uno de los principales centros de investigación sobre el español y su enseñanza", contando entre sus centros de educación superior con 200 programas de posgrado aproximadamente y unos 80 programas de doctorado relacionados con el español (Lacorte y Suárez García, 2014, p. 130). Por su parte, el hispanismo canadiense está también muy consolidado y cuenta con "una historia establecida de más de 150 años" (Fernández Alonso, Lloro Javierre, Montes Garcés y Pascual-Salcedo Sáez, 2021).

1.2. Historia y tradición del español como disciplina universitaria

El hispanismo anglosajón, ya sea a través de figuras relevantes en el ámbito de la filología, o por tradiciones curriculares, asociaciones de profesores o redes de investigadores, ha potenciado principalmente áreas de interés y estudio relacionadas con la literatura, la historia, los estudios culturales y los estudios de cine. Esta propensión a entender el español o lo hispano como área académica focalizada en lo literario o lo cultural, dejando de lado la lengua y lo lingüístico, de acuerdo con patrones similares en el estudio de otras lenguas modernas a nivel universitario, es lo que sustentó en su día la entrada de las Lenguas Modernas en los currículos y programas universitarios como un área disciplinar más, fruto de su vinculación a los estudios literarios (Díaz-Bravo, 2021; Nance, 2015; Pountain, 2019). Antes de eso, en países como el Reino Unido, el español era considerado un mero "ornamental accomplishment" (Frost, 2019, p. 6), ofrecido la mayoría de las veces "como estudios optativos, complementarios y hasta cierto punto con cierto carácter *exótico*" (Gallardo Barbarroja, 2003), aunque siempre reforzado por su utilidad y sus aplicaciones a otros ámbitos profesionales. De hecho, necesitó resguardarse bajo el paraguas disciplinar de las llamadas *Modern Languages*, al compás de la trayectoria académica y universitaria del francés o el alemán, para poder llegar a consolidarse como "subject for serious study" (Frost, 2019, p. 10).

Fue así como la "Cenicienta" de las Lenguas Modernas (Frost, 2019, p. 44) impulsada por los propios hispanistas desde las primeras cátedras universitarias creadas en el siglo XIX (como fue el caso de Alcalá Galiano, Peers o Salvador de Madariaga en Gran Bretaña) y por el interés que generaba llegó a medirse con el francés y el alemán, superándolos en número de estudiantes según cada contexto a partir de la segunda mitad del siglo XX, momento que coincide además con la fundación y reconstitución (en el caso americano) de las primeras asociaciones de hispanistas en estos países: la American Association of Teachers of Spanish and Portuguese (1944), la Association of Hispanists of Great Britain and Ireland (1955) y la Asociación Canadiense de Hispanistas (1964).

1.3. Entre las Ciencias Sociales y las Humanidades

En todo este entramado disciplinar y curricular, la enseñanza de la lengua empezó a separarse de otro tipo de contenidos académicos que acabaron por concentrar el interés y las investigaciones de la mayoría de profesores vinculados al área de las Lenguas Modernas y las Humanidades (o *Liberal Arts* como también se denominan en Norteamérica) tal como se expone en el informe de Modern Languages Association (MLA, 2007). Son pocos los hispanistas provenientes de estos contextos que se centraron en investigar la lengua, la lingüística del español o la lingüística aplicada a la enseñanza de la lengua. Fruto de esa tradición académica, que históricamente ha tendido a asociar una lingüística más teórica al campo de las Ciencias Sociales (ESRC, 2019) y los estudios literarios o la traducción a las Humanidades (AHRC, 2019), se rompe con la concepción curricular de la filología tal como se entiende en los países hispanos o en otros contextos universitarios como el francés, el italiano o el alemán. Se separa el interés y el estudio metalingüístico de la lengua objeto de aprendizaje de la práctica comunicativa de dicha lengua en sí, provocando por consecuencia que los cursos de Lingüística Hispánica se dejen de lado en las facultades y departamentos de Lenguas Modernas o Extranjeras adscritos a áreas de Humanidades en los que se ofrecen los grados de Español, y que además de la lengua se centran en cubrir amplias áreas de contenido basadas en sus literaturas y culturas (Pountain, 2019, p. 247).

2. Los contenidos lingüísticos en programas universitarios de Español: el caso del Reino Unido

2.1. Ordenación curricular de los grados de Español

La enseñanza de español en la universidad británica en la actualidad se puede ofrecer a través de dos rutas, por un lado, como parte de programas de grado en departamentos de Español y de Lenguas Modernas, englobados a su vez dentro de facultades de Lenguas y Humanidades, y por otro lado, como parte de la oferta educativa de los centros de lenguas o de formación continua que las mismas universidades tienen disponibles para otro tipo de público: estudiantes universitarios de otras áreas, profesionales de distintos ámbitos y público en general. Esta distinción entre departamentos de lenguas y centros de lenguas ha polarizado más esa separación que ya existía entre la enseñanza de la lengua como tal y la enseñanza de la lengua unida a contenidos literarios y culturales desde los que se reclama en gran media el valor disciplinar de las Lenguas Modernas (Díaz-Bravo, 2021; Pountain, 2019). El grupo de investigación Diasporic Identities and the Politics of Language Teaching, que opera dentro del proyecto Language Acts and Worldmaking (2022) auspiciado por la Open World Research Initiative del Arts and Humanities Research Council, ha explorado esa doble dimensión institucional y académica (entendida como 'política') tan característica del contexto universitario del Reino Unido.

En el informe de University Council of Modern Languages y Association for University Language Communities in the UK & Ireland, firmado por Critchley, Illingworth y Wright (2021, p. 15), se indica que el español se encuentra entre las dos lenguas más estudiadas en las universidades británicas junto con el francés. Ambas lenguas se ofrecen como programas de grado en

65 de las 71 instituciones representadas en UCAS (organismo independiente que gestiona las admisiones universitarias en el Reino Unido), lo que supone una presencia de las titulaciones en español y sobre el español del 92 % en el contexto general de la enseñanza superior británica.

Los grados de Español o Estudios Hispánicos en el Reino Unido suelen tener cuatro años de duración contando, si tomamos como referencia un esquema clásico, con un primer ciclo de dos años llamado *Pre-honours*, y un segundo ciclo conocido como *Honours*, compuesto a su vez por un tercer año de estudios o prácticas profesionales en un país hispanohablante (*Year Abroad*) y un cuarto año de profundización antes de la graduación. Algunas instituciones ofrecen el *Year Abroad* como una opción que se añade a los cuatro años de estudio obligatorios, convirtiendo la extensión total del grado en cinco años. La mayoría de universidades que ofrecen grados en Español tienen dos vías de entrada. Hay una reservada a estudiantes que ya cuentan con un nivel de español B1 por haber cursado la lengua durante la enseñanza secundaria y haberse examinado de español en sus pruebas de acceso a la universidad (exámenes de *A-Levels*, *Highers* escoceses, etc.). Otra vía es comenzar el grado con cursos *ab initio* para aquellos estudiantes que no tienen conocimiento previo de la lengua y que lo suplen haciendo uno o dos años de español a un ritmo mucho más intenso hasta poderse unir con sus compañeros más avanzados. En cualquier caso, para todos los estudiantes, los dos primeros años tienen como objetivo alcanzar el nivel B2, en parte con la perspectiva de disfrutar de programas de movilidad estudiantil durante su tercer año. Ya sabemos que el nivel B2 está considerado como "entrance standard" (Harsch, 2018, p. 103) en un gran número de países, y es por tanto necesario para la admisión en universidades hispanohablantes donde completar los estudios en el extranjero. Tras la experiencia internacional, el año final de estudios suele estar vinculado a un nivel de competencia C1 o C2 en el que se elabora una tesina o trabajo de fin de grado en la lengua meta junto a otros cursos de especialización.

Según apunta Peyró Jiménez (2021) cada vez son más los estudiantes que en lugar de estudiar solo un grado en Español (lo que se conoce como *Single honours*) optan por combinar sus estudios de español con otra lengua o con otras disciplinas afines obteniendo una doble titulación o *Joint honours*. Critchley et al. (2021, p. 20) resaltan a su vez que, entre la oferta de combinación de grados de lenguas más populares con otras disciplinas en el Reino Unido, se encuentra, en primer lugar, la combinación de Lenguas Modernas y Lingüística (ofrecida en 10 de 47 universidades encuestadas en su informe), seguida de otras combinaciones con Literatura Inglesa, Historia del Arte y Cine. Es muy llamativo que la combinación de Lenguas Modernas con Lingüística sea la más recurrente. De hecho, tiene todo el sentido y resulta natural, a pesar de la fragmentación disciplinar y administrativa a la que nos hemos referido asociada al contexto anglosajón con anterioridad.

2.2. Las dimensiones de la competencia lingüística en los grados universitarios de Lenguas Modernas

Si pensamos en el perfil de un estudiante británico egresado de un grado de Español de cuatro años de duración que incluya una experiencia formal de varios meses de inmersión lingüística en un país hispanohablante, no podemos más que asemejarlo con el recorrido formativo de un hablante de competencia avanzada o con el ideal de un experto con "dominio extenso" y "maestría" de la lengua, siguiendo la terminología asociada con niveles de competencia lingüística más altos del Consejo de Europa (2021, p. 48). Estamos ante estudiantes capaces de comprender y producir una amplia variedad de textos orales y escritos extensos, correctos, exigentes comunicativamente; capaces de expresarse de forma fluida y espontánea sin mostrar esfuerzo, usando la lengua de manera flexible y efectiva en contextos sociales, académicos y profesionales, y con una competencia intercultural muy desarrollada. Pensamos, sin duda, en las descripciones competenciales de los niveles C ("usuario competente") del *Marco común europeo de referencia para las lenguas* (Consejo de Europa, 2002, p. 39) que, tal como se especifica en su *Volumen complementario* donde se actualizan dichas descripciones, no implican necesariamente una competencia similar a la nativa, sino que más bien pretenden "caracterizar el grado de precisión, propiedad y facilidad en el uso de la lengua que tipifica el habla de los aprendientes brillantes" (Consejo de Europa, 2021, p. 48). Esto correspondería con el objetivo académico más ambicioso de cualquier contexto de enseñanza de español como lengua extranjera, realizar un grado universitario de Español.

El nivel de dominio y especialización al que se apunta tras cuatro años formales de Estudios Hispánicos en un departamento de Lenguas Modernas, donde el currículum propuesto va mucho más allá del aprendizaje de la lengua como una mera destreza con un fin primordialmente comunicativo, implica el desarrollo de un plan de estudios completo e intensivo en el que los cursos que se propongan al alumnado incluyan más elementos, no solo los puramente funcionales, que hagan que el español como objeto de aprendizaje se convierta además en lengua vehicular para acceder a otras áreas de conocimiento que rebasan lo comunicativo y que se acercan más a lo filológico: el conocimiento metalingüístico explícito y consciente de la lengua de estudio (es decir, la lingüística del español), el conocimiento literario (no en vano la literatura es la dimensión de la cultura que depende por entero de la lengua) y otro tipo de conocimientos culturales y académicos asociados con las culturas de la lengua que se estudia (historia y civilización, cine y artes visuales, traducción e interpretación, etc.). De hecho, volviendo al *Marco*, para poder desarrollar en su totalidad la competencia lingüística asociada a los niveles B de referencia necesitamos exponernos de manera activa como aprendientes y usuarios de la lengua a, entre otros: "discursos y conferencias extensos", "noticias de la televisión y los programas sobre temas actuales", "películas", "artículos e informes relativos a problemas contemporáneos" o "prosa literaria contemporánea" (Consejo de Europa, 2002, p. 31). Por otra parte, si hacemos un análisis detallado de los distintos contenidos que se tienen que entender, identificar y saber reutilizar para poder desarrollar la competencia comunicativa a estos niveles, nos daremos cuenta de que la dimensión lingüística y metalingüística de la comunicación cada vez cobra más fuerza y se convierte en elemento necesario para una progresión curricular coherente (Pountain, 2019, p. 248). Las subcompetencias que activan y posibilitan el progreso dentro de ese gran paraguas que es la comunicación incluyen, además de la competencia lingüística en sí misma (y sus subcompetencias léxica, gramatical, fonética y ortográfica), la competencia sociolingüística y pragmática (Consejo de Europa, 2002, pp. 148-153; Consejo de Europa, 2021, pp. 151-157) cuya complejidad conceptual y de uso se incrementa significativamente en el nivel B2, donde es importante dominar y saber aplicar al contexto de enseñanza y aprendizaje nociones como registro, estilo, dialecto, usos idiomáticos, nivel connotativo del significado, etc. (Fuertes Gutiérrez, Soler Montes y Klee, 2021).

2.3. Contenidos curriculares: lengua, literatura ¿y lingüística?

Con todo lo expuesto hasta ahora, entendemos que para asegurar que un grado de Español cubra la adquisición de un nivel de competencia lingüística avanzado se necesita contenido asociado, lógicamente, al área disciplinar en la que se enmarca (las Lenguas Modernas), más allá del trabajo de enseñanza/aprendizaje de la lengua en sí mismo. Este contenido curricular que se construye y se relaciona con los aspectos lingüísticos y comunicativos del aprendizaje general debe provenir de áreas asociadas a la cultura y la literatura, pero también a la lingüística. Siguiendo la propuesta de Pountain (2017) en su ensayo sobre *The Three Ls of Modern Foreign Languages*, esas 'eles', que no son otra cosa que los pilares que sustentan los grados de Lenguas Modernas, corresponden a la lengua en sí (el Español, con mayúscula pues lo consideramos aquí como una disciplina universitaria más), su literatura y su lingüística. Pero la cuestión radica en saber cómo se reparten y hasta qué punto estas tres 'eles' tienen el mismo peso en los currículos universitarios de Español en Gran Bretaña.

Para el caso concreto de la lingüística, Pountain (2017, p. 260) se acoge al necesario grado de conciencia metalingüística que hay que conseguir despertar en los estudiantes, su "consciousness-raising", tal como lo llama citando a Schmidt (1990). Ambos consideran que el *input* "alone", sin más, no es suficiente y que los estudiantes "need to 'notice' important formal properties of the foreign language" (Pountain, 2017, p. 260). En su estudio, Schmidt (1990) concluye que el aprendizaje de una lengua necesita de esa observación y reflexión explícita sobre las formas y la estructuras para convertir ese *input* lingüístico en *intake*, al que nos referimos para hablar de la apropiación del caudal lingüístico que se acaba incorporando en la memoria del aprendiz a largo plazo (Baralo, 1999).

Todo esto concuerda con las tesis propuestas desde otros contextos de la lingüística aplicada a la enseñanza de español en relación con la necesidad de tratar de manera constructiva los contenidos lingüísticos en el aula, utilizando la capacidad comunicativa de los estudiantes y la lengua meta para hablar de la propia lengua meta, como un fin didáctico más, de su estructura gramatical, de su historia, de su léxico, y presentarla de forma directa convirtiéndola también en el tema central del currículum (Bordón, 2019; Castañeda, 2014; Gómez del Estal Villarino, 2004; Martín Peris, 2004).

Pountain (2017) expone de manera crítica, haciendo muestras de una gran clarividencia, esa fragmentación a la que nos referíamos sobre el papel que ocupa la lingüística y, en el caso particular de este trabajo, la lingüística hispánica en los programas universitarios de corte anglosajón. Su reflexión parte del declive generalizado de la enseñanza de lenguas extranjeras en el Reino Unido, con un escenario sociopolítico de fondo marcado por el Brexit, que ha visto cerrar programas de lenguas en universidades de gran tradición o amalgamar departamentos de Lenguas Modernas con otras áreas académicas a través de facultades e itinerarios curriculares más generalistas en torno a estudios de Humanidades o Comunicación.

Asimismo, Pountain (2017) detecta que en estos programas de grado tanto la lengua como la literatura y la lingüística no están "equally weighted" ni son "necessaraly exhaustive" (p. 257). En su argumentario se interroga abiertamente sobre la necesidad de si la lingüística (hispánica en este caso) "should be more overtly a part of a Modern Foreign Language academic discipline" (Pountain, 2017, p. 260).

Partiendo de esta misma pregunta, a la que creemos ya haber dado una respuesta suficientemente bien argumentada en los epígrafes anteriores en parte gracias a la iniciativa y la visión de Pountain (2017, 2019), un buen representante de los agentes y las voces que desde el hispanismo son necesarias para desarrollar la lingüística aplicada a la enseñanza del español como un ámbito más para la investigación y su avance como disciplina académica (Muñoz-Basols y Hernández Muñoz, 2019), queremos ahora ir más allá con el fin de entender el peso real de la lingüística hispánica en el contexto actual de los grados de Español. De manera que podamos confirmar hasta qué punto esa "philological dimension of linguistics" tan necesaria y que Pountain (2017, p. 269) apoya es o no una realidad en el contexto universitario británico.

3. Datos sobre el papel de la lingüística en los grados de Español británicos

3.1. Contexto del análisis: las universidades del Russell Group

En el marco de este trabajo, hemos llevado a cabo una investigación con el fin de analizar el peso real que la lingüística en general y la lingüística hispánica en particular tienen actualmente en los grados de Estudios Hispánicos de las principales universidades del Reino Unido. Debido a los límites de espacio de la presente publicación, y en línea con otras investigaciones representativas sobre el sector universitario británico, hemos decidido analizar la situación dentro del contexto específico de las universidades adscritas al conocido Russell Group, un grupo de 24 universidades británicas líderes en investigación, establecido en 1994 para representar sus intereses ante el Gobierno Británico, el Parlamento y otros organismos similares[4]. Las universidades del Russell Group se encuentran entre las más prestigiosas del país y se caracterizan por tener una oferta académica muy amplia en todos los ámbitos disciplinares y a todos los niveles, grado y posgrado. Este grupo de universidades es responsable de más de dos tercios de la investigación que se produce desde Gran Bretaña y de la educación universitaria de más de medio millón de estudiantes en todo el país (Nurunnabi y Abdelhadi, 2019). Trabajar sobre este contexto en particular nos hace suponer que el análisis de sus respectivos grados de Español, algunos de ellos con más de cien años de antigüedad (Gallardo Barbarroja, 2003), y el itinerario de cursos de Lingüística propuestos asociados a esos mismos grados, puede ser de vital importancia para entender hasta qué punto la lingüística hispánica existe como tal en el Reino Unido.

---

4. Las 24 universidades que forman parte Russell Group son las siguientes: Birmingham, Bristol, Cambridge, Cardiff, Durham, Edinburgh, Exeter, Glasgow, Imperial College London, King's College London, Leeds, Liverpool, London School of Economics, Manchester, Newcastle, Nottingham, Oxford, Queen Mary, Queen's Belfast, Sheffield, Southampton, University College London, Warwick, York.

Para la recogida de datos, hemos partido del portal de información[5] y del análisis de cada una de las 24 instituciones que conforman este grupo, revisando su oferta académica y el plan de enseñanza de sus respectivos grados de Español y sus combinaciones con otros grados afines.

3.2. La presencia de los cursos de Lingüística en los grados de Español

Nuestro primer paso ha sido confirmar si estas 24 universidades ofrecen grados en Español. Tras el análisis, podemos corroborar que todas ellas ofrecen programas de grado de Español, ya sea en formato de *Single honours* y/o *Joint honours*. Cabe destacar que, de las 24 instituciones, Imperial College London y London School of Economics and Political Science son las únicas instituciones que no ofrecen grados en Lenguas Modernas *per se*. En ambos casos, debido a la especialización de sus campus en áreas curriculares muy concretas, el español se ofrece como una subespecialización de carácter aplicado que se puede combinar con grados de ciencias o de ciencias sociales respectivamente, pero sin relación exclusiva con el ámbito académico y disciplinar de las Lenguas Modernas.

Tras este primer acercamiento, positivo sin duda alguna, que coincide con los datos sobre la oferta académica de español en el sector de la educación terciaria publicados en UCAS y por Critchley et al. (2021), hemos analizado los materiales publicitarios disponibles a través de las páginas web de cada una de estas instituciones con respecto a su programa de estudios de grado en Español, sus combinaciones y las menciones explícitas a la lingüística como área de estudio en este contexto. Este tipo de páginas informativas, llamadas por lo general *Course description* y que aparecen dentro de los motores de búsqueda de grados (o *Degree finder*) de cada universidad, suele incluir una breve panorámica general del grado con menciones al departamento en el que se imparte, los contenidos que se cubren, el profesorado y sus áreas de especialización, la filosofía de enseñanza del centro y su sistema de evaluación, referencias a salidas profesionales, etc. De las 24 páginas que describen los grados de Español en las 24 universidades del

---

5. https://russellgroup.ac.uk/

Russell Group que los ofrecen, solo 11 (el 45 %) mencionan la lingüística de manera explícita como un área de conocimiento asociada al grado: Birmingham, Bristol, Cambridge, Exeter, Glasgow, Liverpool, Oxford, Queen Mary, Sheffield, Southampton y York. El resto de instituciones únicamente se refiere a la lengua en relación con contenidos literarios y culturales.

Este hallazgo, muy sintomático de la tradición académica en la que nos movemos, puede resultar no del todo fiable, ya que las limitaciones de las páginas informativas para presentar un programa de manera breve y atractiva a futuros estudiantes suelen dejar de lado muchos elementos curriculares, metodológicos y contextuales que luego sí forman parte importante de dichos grados. Por este motivo, quisimos adentrarnos un poco más en los catálogos de los grados, los distintos planes de enseñanza y regulaciones académicas, con el fin de poder determinar cuántos cursos de Lingüística se ofrecen como parte de esos programas de estudios en español en cada una de las universidades del Russell Group. Tras un análisis exhaustivo de los distintos catálogos de los cursos (llevado a cabo durante los meses de enero y febrero de 2022), pudimos realizar la siguiente fotografía de la situación.

Figura 1. Cursos de Lingüística en los grados de Español de las universidades del Russell Group

Grados de español en universidades del Russell Group		
Sin cursos de lingüística	Cursos de lingüística generales	Cursos de lingüística hispánica 58%
		Birmingham Liverpool
		Bristol Manchester
		Cambridge Newcastle
		Durham Oxford
	17%	Edinburgh Sheffield
25%	Exeter Nottingham	Glasgow Southampton
	Leeds UCL	King's York
Cardiff Queen Mary		
Imperial Queen's Belfast		
LSE Warwick		
	N=24	

De todos los grados de español ofrecidos por las universidades del Russell Group, solo seis instituciones (el 25 %) ofrecen programas de grado en Español sin ningún tipo de curso de Lingüística asociado a estos de manera explícita en sus páginas de información o plan de estudios, tal como se observa en el Figura 1. Cuatro instituciones (que representan un 17 % del total) ofrecen solo cursos de Lingüística de carácter general en inglés y sin vinculación directa con el español aunque, lógicamente, se pueda propiciar la transferencia y aplicación de conocimientos generales al caso del español.

El resto de universidades, una clara mayoría compuesta por 14 instituciones (58 % del total), sí ofrece algún curso que trata explícitamente cuestiones relacionadas con la Lingüística Hispánica a través de distintos acercamientos temáticos, niveles curriculares y extensión (con Edimburgo a la cabeza, que en su catálogo cuenta con cuatro cursos específicos para estudiantes de español).

Figura 2. Número de cursos de Lingüística en los grados de Español de las universidades del Russell Group

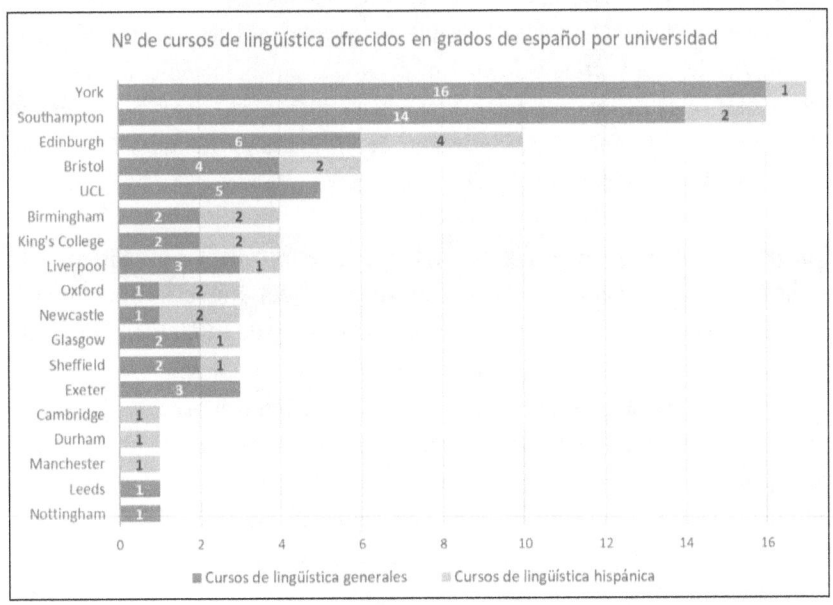

Los cursos que se ofrecen en estas 14 universidades son siempre de carácter optativo y componen parte del catálogo de cursos o módulos electivos para los estudiantes del grado en Español, ya sea a nivel de *Pre-honours* o de *Honours*. Estas 14 universidades ofrecen además otros cursos de Lingüística de tipo más general (como ocurre de manera muy destacable en York y Southampton), dirigidos a cualquier estudiante de Lenguas Modernas, sin necesidad de aplicarse a una lengua particular, normalmente en colaboración con los departamentos de Lingüística de cada institución para completar la oferta.

El número total de cursos disponibles es de 86 y su distribución por contenido lingüístico es el que sigue: 63 cursos de Lingüística generales vinculados a los planes de estudios de los grados de Español y 23 cursos específicos de Lingüística Hispánica.

3.3. Tipología de los cursos de Lingüística en los grados de Español

Si analizamos con más detalle la temática de los cursos de Lingüística asociados a los grados de Español, ya sea desde una perspectiva más generalista, aplicados a cualquier lengua y principalmente ofrecidos en colaboración con grados de Lingüística, o desde una perspectiva puramente hispánica, cursos considerados como un área más del contenido propio de un grado en Lenguas Modernas, encontramos la siguiente distribución temática y disciplinar.

Queda claro que la tendencia general nos muestra que los estudiantes de español en las universidades que forman parte del Russell Group tienen principalmente acceso a cursos de Sociolingüística y de Lingüística Aplicada (casi exclusivamente a la enseñanza de lenguas extranjeras, vinculada en muchas ocasiones a proyectos locales de colaboración con escuelas primarias o secundarias, o relacionados con la preparación a futuros puestos de asistentes de conversación en el extranjero). También resultan recurrentes los cursos de Introducción a la Lingüística, una opción lógica en los años de *Pre-honours*. El resto de temáticas y disciplinas lingüísticas son menos homogéneas: destaca una línea de interés en ofrecer cursos sobre políticas lingüísticas que se podría también sumar al tipo de cursos liderado, como hemos visto, por la sociolingüística, así como cursos de otras áreas de gran relevancia que, sin embargo, sorprenden por su poco peso curricular: como la fonética, la lingüística contrastiva (entendiendo por este tema cursos sobre lingüística románica o tipología lingüística), la historia de la(s) lengua(s) o el análisis del discurso.

Haciendo ahora el mismo tipo de análisis temático y disciplinar sobre los 23 cursos específicos centrados en la lingüística hispánica y ofrecidos desde departamentos de Español para estudiantes en el grado de Español, observamos que los resultados varían.

Figura 3. Tipos de cursos de Lingüística en los grados de Español de las universidades del Russell Group

En primer lugar, comprobamos que la sociolingüística sigue presidiendo de manera indiscutible el listado de disciplinas lingüísticas que se ofrecen también en español y sobre el español, con 9 cursos que equivalen a un 39 %. Los contenidos sociolingüísticos son una clave para cualquier estudiante de español de nivel universitario ya que, además, ayudan a expandir los conocimientos en los que se basa el desarrollo de la competencia sociolingüística en la que, a su vez, se fundamentan parte de las destrezas lingüísticas y comunicativas del proceso de aprendizaje (Hernández Muñoz, Muñoz-Basols y Soler Montes,

2022). Esta subdisciplina de la lingüística permite además acceder a la reflexión metalingüística de manera más introductoria, a través de contenidos fácilmente extrapolables a otras áreas curriculares y conectados con experiencias tan importantes en este tipo de grados como el año en el extranjero. En un segundo lugar, encontramos dentro de las universidades del Russell Group cuatro cursos (17 %) dedicados a la introducción a la lingüística hispánica y otros cuatro dedicados a la lingüística románica, planteada de forma contrastiva o histórica tanto a nivel del espacio románico europeo como a nivel de lingüística peninsular, donde se examinan las lenguas de la península ibérica, incluyendo en este caso el euskera. Este tipo de cursos también suele ofrecerse a estudiantes de portugués, francés, italiano o catalán. El resto de tipos de cursos que no superan los 2 ejemplos por categoría (9 %) están dedicados a la historia de la lengua española, el análisis del discurso y, por último, un caso más curioso, al español en los Estados Unidos y sus comunidades de habla de origen latino, cursos que también se ofrecen desde un punto de vista eminentemente sociolingüístico.

Figura 4. Tipos de cursos de Lingüística Hispánica en los grados de Español de las universidades del Russell Group

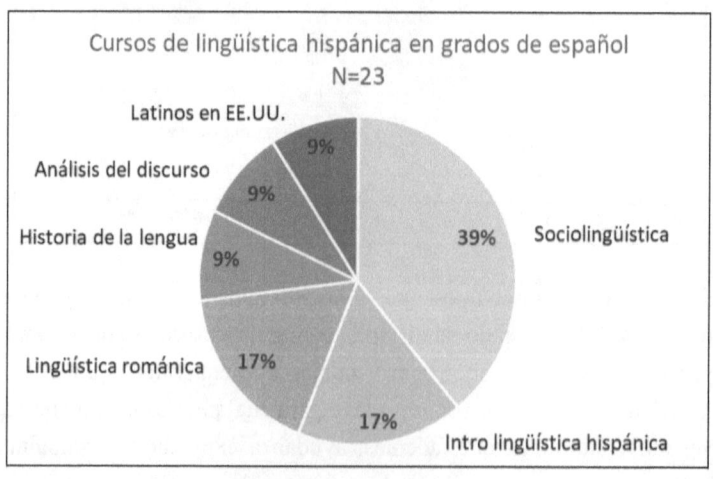

A este nivel, podemos apreciar cómo, por un lado, el énfasis en la sociolingüística del español es evidente, algo que en principio es positivo y

lógico que probablemente corresponde con el interés investigador del cuerpo docente, y cómo, por otro, desaparecen áreas asociadas a la política lingüística y a la lingüística aplicada que se tratan exclusivamente en cursos más generales, impartidos en inglés, y no necesariamente vinculados a grados de Español, lo que coincide con la "escasa conexión entre conocimientos procedentes del campo del aprendizaje y enseñanza de L2" que ya han detectado Lacorte y Suárez García (2014, p. 132) y Lacorte (2015) para el contexto estadounidense.

Áreas como la historia de la lengua española o el análisis del discurso, que en el fondo tiene más que ver con cursos de introducción a la pragmática hispánica, parecen no estar lo suficientemente bien representadas si pensamos en su relevancia tanto para asentar contenidos filológicos básicos como para desarrollar de manera más explícita la dimensión de la competencia pragmática durante el proceso general de aprendizaje de la lengua (Félix-Brasdefer y Cohen, 2012). Por otro lado, no hay rastro de la fonología y la fonética, ni de la morfología y la sintaxis, ni de la lexicología o la semántica, disciplinas todas ellas cruciales para ayudar a entender las dimensiones de la lengua a niveles tan avanzados como los de este tipo de contextos. Resta saber, probablemente en futuros estudios, cómo se integran todos estos niveles de conocimiento y análisis lingüístico en los cursos troncales de lengua española que se ofrecen en cada uno de estos grados de primer a cuarto (o quinto) año, y hasta qué punto se cubren con explicitud y con la profundidad necesaria, usando terminología especializada para la descripción de las estructuras lingüísticas, tal como se haría en cualquier otro ámbito académico a la hora de formar a expertos y a futuros profesionales.

4. Conclusiones

El presente estudio nos ha ayudado a entender mejor el lugar de la Lingüística en tanto que disciplina académica dentro de las titulaciones universitarias relacionadas con el área de las Lenguas Modernas y, en concreto, con el Español y los Estudios Hispánicos. Para el caso particular de las 24 universidades británicas adscritas al Russell Group se observa que en un 58 % de los casos, estas universidades proponen cursos de Lingüística Hispánica dentro de los planes de estudio de sus titulaciones de Español. Otro 17 % de instituciones, si bien no ofrece lingüística hispánica como tal, sí vincula ciertos cursos de lingüística, de carácter más general en inglés, a programas de Español como parte de las asignaturas optativas. En total para el curso académico 2021/2022 hemos encontrado 86 cursos disponibles, 63 cursos de lingüística más generales y 23 cursos específicos sobre lingüística hispánica. Estos números nos revelan claramente que la lingüística es todavía un área de contenido muy minoritaria con respecto a los cursos troncales de lengua y culturas asociadas al español, con temáticas que giran en torno a literatura, civilización, cine o traducción, pero a su vez confirman su presencia de forma relativamente sistemática en los principales currículos y grados de Español de Gran Bretaña.

La tipología de los cursos de lingüística asociados a los grados de Español está liderada claramente por las temáticas sociolingüísticas y de ámbito disciplinar más descriptivo, social (político también) pero en cualquier caso externo a la lengua en sí que, sin duda, son un fiel reflejo del tipo de especialización y de los intereses investigadores de los hispanistas británicos formados como lingüistas, que todavía son la excepción, y que muy probablemente están al frente de estos cursos. También nos lleva a plantearnos si es este el perfil de lingüista más transferible entre ambas áreas, y si la investigación y el interés por la sociolingüística es más cercano o más adaptado para convivir con otros componentes humanísticos.

Para completar este estudio resta por saber qué tipos de contenidos lingüísticos formales y de herramientas provenientes de la lingüística se incorporan y se manejan de manera explícita en los cursos troncales de lengua española de los grados de Español que cubren tanto contenidos comunicativos, como de uso de la lengua oral y escrita, y otro tipo de contenidos socioculturales. Es el caso, por ejemplo, de Queen Mary University que no ofrece cursos de Lingüística Hispánica ni vincula directamente sus cursos de Lingüística al programa del grado de Español pero que sí especifica que en sus cursos troncales de lengua se cubren nociones básicas de lingüística. Es a través de este tipo de búsqueda probablemente donde se puedan complementar los datos presentados en este primer trabajo para entender mejor los aspectos curriculares con los que se construye el aprendizaje de la lengua en estas universidades.

Entre las posibles áreas de mejora detectadas a nivel sectorial, quedaría pendiente superar algunas de las consideraciones más tradicionales y un tanto estereotipadas del estudio de la lengua como una mera destreza o *skill* identificadas claramente en varios informes y estudios recientes (Díaz-Bravo, 2021; Frost, 2019; Lacorte, 2015; MLA, 2007; Pountain, 2017, 2019), así como ampliar el catálogo de cursos específicos, incluyendo asignaturas sobre aspectos de la historia de la lengua española, la fonética, la semántica o la morfosintaxis. También sería importante evaluar las posibles carencias formativas en lingüística hispánica y lingüística aplicada a la enseñanza de la lengua de los profesores encargados de impartir los cursos generales de lengua española en los grados universitarios detectadas en múltiples estudios y que pueden estar conectadas con la simplificación de este tipo de contenidos (ver Muñoz-Basols, Rodríguez-Lifante y Cruz-Moya, 2017; Bárkányi y Fuertes Gutiérrez, 2019 con relación al Reino Unido, Lacorte y Suárez García, 2014 para el contexto estadounidense; Ortiz-Jiménez, 2019 para el caso de Australia) y reconsiderar su situación contractual donde se mantiene a día de hoy una clara "división de rangos académicos y profesionales en la plantilla laboral" según se enseñen cursos de lengua o contenido, y el nivel o el ciclo académico al que correspondan (Lacorte y Suárez García, 2014, p. 133).

Junto con las oportunidades y aspectos destacables que respaldan en parte la positividad de muchos de los datos recabados en este trabajo, hay que mencionar también la reciente aparición de libros de texto de carácter especializado de ámbito británico que poder usar como bibliografía de referencia en los cursos de Lingüística (entre los escasos ejemplos, destaca sin duda alguna la *Introducción a la lingüística hispánica actual: teoría y práctica* de la editorial Routledge de Muñoz-Basols, Moreno, Taboada y Lacorte, 2017, usado en varios de los cursos de universidades mencionadas en este estudio como Oxford o Edimburgo), colecciones de *Handbooks* dedicados específicamente a la Lingüística Hispánica (como los *Routledge Spanish Language Handbooks* coordinados por Manel Lacorte y Javier Muñoz-Basols), recursos digitales de acceso abierto (*Portal de lingüística hispánica* de Muñoz-Basols, 2017–), o los esfuerzos organizativos y múltiples actividades de nuevas asociaciones de profesores e investigadores: ELEUK (Association for the Teaching of Spanish in Higher Education in the United Kingdom) y SIS (International Association for the Study of Spanish in Society).

Referencias bibliográficas

AHRC. (2019). *Arts and humanities research council delivery plan*. Arts and Humanities Research Council. https://www.ukri.org/about-us/what-we-do/delivery-plans/

Baralo, M. (1999). *La adquisición del español como lengua extranjera*. Arco Libros.

Bárkányi, Z., & Fuertes Gutiérrez, M. (2019). Dialectal variation and Spanish language teaching (SLT): perspectives from the United Kingdom. *Journal of Spanish Language Teaching*, 6(2), 199-216. https://doi.org/10.1080/23247797.2019.1676980

Bordón, T. (2019). Gramática pedagógica: pedagogical grammar. In J. Muñoz-Basols, E. Gironzetti & M. Lacorte (Eds), *The Routledge handbook of Spanish language teaching* (pp. 213-228). Routledge. https://doi.org/10.4324/9781315646169-16

Bueno Hudson, R. (2021). El español en Estados Unidos. *El español en el mundo. Anuario 2021*. Instituto Cervantes. https://cvc.cervantes.es/lengua/anuario/anuario_21/america/eeuu.htm

Castañeda, A. (2014). (Eds). *Enseñanza de gramática avanzada de ELE*. SGEL

Consejo de Europa. (2002). *Marco común europeo de referencia para las lenguas: enseñanza, aprendizaje, evaluación*. Ministerio de Educación, Cultura y Deporte e Instituto Cervantes.

Consejo de Europa. (2021). *Marco común europeo de referencia para las lenguas: enseñanza, aprendizaje, evaluación. Volumen complementario*. Ministerio de Educación y Formación Profesional e Instituto Cervantes.

Critchley, M., Illingworth, J., & Wright, V. (2021). *Survey of language provision in UK universities in 2021*. Report no. 3, July. University Council of Modern Languages (UCML), Association for University Language Communities in the UK & Ireland (AULC), United Kingdom. https://aulc.org/documents/

Díaz-Bravo, R. (2021). Modern languages students as linguists and teachers. In A. de Medeiros & D. Kelly (Eds), *Language debates. Theory and reality in language learning, teaching and research* (pp. 107-118). John Murray Press.

ESRC. (2019). *Economic and social research council delivery plan*. Economic and Social Research Council. https://www.ukri.org/about-us/what-we-do/delivery-plans/

Félix-Brasdefer, J. C., & Cohen, A. D. (2012). Teaching pragmatics in the foreign language classroom: grammar as a communicative resource. *Hispania, 95*(4), 650-669.

Fernández Alonso, R., Lloro Javierre, J., Montes Garcés, E., & Pascual-Salcedo Sáez, M. (2021). El español en Canadá. *El español en el mundo. Anuario 2021*. Instituto Cervantes. https://cvc.cervantes.es/lengua/anuario/anuario_21/america/canada.htm

Frost, A. (2019). *The emergence and growth of Hispanic studies in British and Irish universities*. Association of Hispanists of Great Britain and Ireland. https://hispanists.frb.io/wp-content/uploads/2019/11/2019-Ann-Frost-report-1.pdf

Fuertes Gutiérrez, M., Soler Montes, C., & Klee, C. A. (2021). Sociolingüística aplicada a la enseñanza del español / applied sociolinguistics in Spanish language teaching (SLT). *Journal of Spanish Language Teaching, 8*(2), 105-113. https://doi.org/10.1080/23247797.2021.2019448

Gallardo Barbarroja, M. (2003). Introducción y desarrollo del español en el sistema universitario inglés durante el siglo XIX. *Estudios de Lingüística del Español, 20*. http://elies.rediris.es/elies20/

Gómez del Estal Villarino, M. (2004). Los contenidos lingüísticos o gramaticales. La reflexión sobre la lengua en el aula de E/LE. In J. Sánchez Lobato & I. Santos Gargallo (Eds), *Vademécum para la formación de profesores. Enseñar español como segunda lengua (L2)/ lengua extranjera (LE)* (pp. 767-788). SGEL.

Harsch, C. (2018). How suitable is the CEFR for setting university entrance standards? *Language Assessment Quarterly, 15*(1), 102-108. https://doi.org/10.1080/15434303.2017.1420793

Hernández Muñoz, N., Muñoz-Basols, J., & Soler Montes, C. (2022). *La diversidad del español y su enseñanza*. Routledge. https://doi.org/10.4324/9781003128168

Instituto Cervantes. (2021). *El español: una lengua viva. Informe 2021*. https://cvc.cervantes.es/lengua/espanol_lengua_viva/pdf/espanol_lengua_viva_2021.pdf

Lacorte, M. (2015). Methodological Approaches and Realities. In M. Lacorte (Ed.), *The Routledge handbook of Hispanic applied linguistics* (pp. 99-116). Routledge. https://doi.org/10.4324/9781315882727

Lacorte, M., & Suárez García, J. (2014). La enseñanza del español en los Estados Unidos: panorama actual y perspectivas de futuro. *Journal of Spanish Language Teaching, 1*(2), 129-136. https://doi.org/10.1080/23247797.2014.970358

Language Acts and Worldmaking. (2022). *Language Acts and Worldmaking. Our Words Make Worlds*. Language Acts and Worldmaking project, King's College London. https://languageacts.org/

López García, A. (2006). La lengua española y sus tres formas de estar en el mundo. In *Enciclopedia del español en el mundo* (pp. 471-475). Instituto Cervantes. https://cvc.cervantes.es/lengua/anuario/anuario_06-07/

Martín Peris, E. (2004). La competencia lingüística o gramatical. In J. Sánchez Lobato e I. Santos Gargallo (Eds), *Vademécum para la formación de profesores. Enseñar español como segunda lengua (L2)/ lengua extranjera (LE)* (pp. 467-490). SGEL.

MLA. (2007). *Foreign languages and higher education: new structures for a changed world*. Ad Hoc Committee on Foreign Languages Modern Language Association. https://www.mla.org/Resources/Research/Surveys-Reports-and-Other-Documents/Teaching-Enrollments-and-Programs/Foreign-Languages-and-Higher-Education-New-Structures-for-a-Changed-World

Muñoz-Basols, J. (2017–). (Ed.). *Portal de lingüística hispánica/ Hispanic linguistics*. http://hispaniclinguistics.com/

Muñoz-Basols, J. & Hernández Muñoz, N. (2019). El español en la era global: agentes y voces de la polifonía panhispánica. *Journal of Spanish Language Teaching, 6*(2), 79-95. https://doi.org/10.1080/23247797.2020.1752019

Muñoz-Basols, J., Moreno, N., Taboada, I., & Lacorte, M. (2017). *Introducción a la lingüística hispánica actual: teoría y práctica*. Routledge. https://doi.org/10.4324/9780203096758

Muñoz-Basols, J., Rodríguez-Lifante, A. & Cruz-Moya, O. (2017). Perfil laboral, formativo e investigador del profesional de español como lengua extranjera o segunda (ELE/EL2): datos cuantitativos y cualitativos. *Journal of Spanish Language Teaching, 4*(1), 1-34. https://doi.org/10.1080/23247797.2017.1325115

Nance, K. (2015). Hispanic literatures and cultures throughout the curriculum. In M. Lacorte (Ed.), *The Routledge handbook of Hispanic applied linguistics* (pp. 202-220). Routledge.

Nurunnabi, M., & Abdelhadi, A. (2019). Student satisfaction in the Russell group and non-Russell group universities in UK. *Data in brief, 22*, 76-82. https://doi.org/10.1016/j.dib.2018.11.124

Ortiz-Jiménez, M. (2019). Actitudes lingüísticas de los profesores de español en España y Australia hacia las variedades dialectales. *Journal of Spanish Language Teaching, 6*(2), 182-198. https://doi.org/10.1080/23247797.2019.1668634

Peyró Jiménez, I. (2021). El español en el Reino Unido. *El español en el mundo. Anuario 2021*. Instituto Cervantes. https://cvc.cervantes.es/lengua/anuario/anuario_21/europa/reinounido.htm

Pountain, C. (2017). The three ls of modern foreign languages: language, linguistics, literature. *Hispanic Research Journal, 18*(3), 253-271. https://doi.org/10.1080/14682737.2017.1314096

Pountain, C. (2019). Modern languages as an academic discipline: the linguistic component. *Language, Culture and Curriculum, 32*(3), 244-260. https://doi.org/10.1080/07908318.2019.1661153

Schmidt, R. (1990). The role of consciousness in second language learning. *Applied Linguistics, 11*(2), 127-158. https://doi.org/10.1093/applin/11.2.129

3. Retos en torno a la integración de la lengua y el contenido: la incorporación de un MOOC sobre el mundo hispanohablante a un curso de lengua

Alba del Pozo García[1]

Resumen[2]

Esta propuesta explora los retos en el diseño de un semestre de un curso de lengua basado en la integración de lengua y contenido (AICLE en español, o CLIL por sus siglas en inglés). El proyecto, desarrollado en la University of Nottingham, parte de la explotación de un MOOC ya existente: *Spain and Latin America: Transatlantic Crossings* (SNOOC en el contexto de la Universidad de Nottingham, un curso en línea en abierto para todos los miembros de dicha comunidad universitaria). Este curso, dividido en cuatro unidades (Conquistadores, Independencias, España Contemporánea y Latinoamérica Contemporánea) fue originalmente diseñado para que cualquier miembro de la comunidad universitaria pudiera unirse y aprender sobre el mundo hispanohablante a su propio ritmo. Este artículo evalúa la adaptación de dicho curso, destinado a un público variado, a un curso semestral de último año en el grado de Español, cuyo principal objetivo es la adquisición de un nivel C1 según el *MCER*. Los resultados

---

1. University of Leeds, Leeds, United Kingdom; a.delpozogarcia@leeds.ac.uk; https://orcid.org/0000-0003-1081-8917

2. This paper explores the challenges of designing a semester of a Spanish language module using a Content and Language Integrated Learning (CLIL) approach. This project at the University of Nottingham stems from the pre-existent MOOC *Spain and Latin: Transatlantic Crossings* – labelled as SNOOC at the University of Nottingham. This is a free online course, open to all members of the university community. The module is divided into four units – Conquerors, Independences, Contemporary Spain, and Contemporary Latin America. It was originally aimed to any member of the University interested in learning about Hispanic culture at their own path. The paper assesses the adaption of this MOOC to a final year Spanish language module in a BA in Spanish, where students are expected to achieve a C1 level (CEFR). Results are based on qualitative analysis of a student survey, and they confirm students' interest on studying cultural content in language lessons. However, this survey also reveals how students' expectations may differ from academics on what is understood as 'culture' of the target language.

Para citar este capítulo: Del Pozo García, A. (2022). Retos en torno a la integración de la lengua y el contenido: la incorporación de un MOOC sobre el mundo hispanohablante a un curso de lengua. En C. Soler Montes, R. Díaz-Bravo y V. Colomer i Domínguez (Eds), *Avances investigadores y pedagógicos sobre la enseñanza del español: aportes desde el contexto universitario británico* (pp. 55-70). Research-publishing.net. https://doi.org/10.14705/rpnet.2022.58.1399

de este proyecto se basan en un análisis cualitativo de una encuesta administrada entre los estudiantes. Por un lado, confirman el interés de los estudiantes por explorar contenidos culturales; por otro, indican la necesidad de gestionar sus expectativas y ofrecer una definición más precisa de lo que se entiende por cultura de la lengua meta.

Palabras clave: MOOC, AICLE, cultura, C1, español.

1. Introducción

El proyecto didáctico que recoge este artículo parte de una situación bien conocida para cualquier docente de Lenguas Modernas en la educación superior británica: el desdoblamiento del currículo, programas, e incluso trayectorias profesionales entre la enseñanza de lengua y el contenido cultural (Pountain, 2019, p. 247). Gran parte de los grados de Lenguas Modernas o *Modern Foreign Languages* se estructuran, por una parte, en torno a asignaturas de contenido cultural impartidas en inglés y, por otra, cursos de una segunda lengua (en adelante, L2).

Este contexto afecta, entre otras cuestiones, a las expectativas de los estudiantes en torno al aprendizaje de la lengua y la integración de los contenidos culturales en ese proceso (Busse y Walter, 2013; Gieve y Cunico, 2012). De hecho, llega a darse el caso de que durante el último año de sus estudios muchos estudiantes esperan un aumento de la L2 en asignaturas de contenido cultural que no suele ocurrir (Gieve y Cunico, 2012, p. 281).

La necesidad de integrar mejor el aprendizaje de la lengua y el contenido va más allá de aumentar el uso de la L2 en los cursos de contenido. Uno de los principales paraguas teóricos para integrar y establecer vínculos entre el currículo de lengua y el de contenido es la perspectiva AICLE – Aprendizaje Integrado de Lengua y Contenido – o *CLIL* por sus siglas en inglés (*Content and Language Integrated Learning*).

Partiendo de los trabajos de Coyle, Hood y Marsh (2010) y Dalton-Puffer (2013) la perspectiva AICLE plantea la completa integración del aprendizaje de lenguas y contenido: "a dual-focussed educational approach in which an additional language is used for learning and teaching of both content and language. That is, in that teaching and learning processes, there is a focus not only on content and not only on language" (Coyle et al., 2010, p. 1). Así, Coyle (2015, p. 91) aboga por el uso de la lengua como objeto de aprendizaje, pero también como vehículo de enseñanza para los contenidos culturales. Esta perspectiva, que cuenta con algunos programas aislados en el ámbito de la educación primaria y secundaria británica (Coyle, 2011; Dobson, 2020), apenas se ha explorado todavía todo su potencial en la educación superior (Parks, 2020, p. 2).

A pesar de notables excepciones[3], la integración de la lengua y el contenido en la educación superior británica todavía tiene un largo camino por recorrer, en parte debido a la organización de la propia estructura académica. En ese sentido, Floriano y Fuertes (2021) destacan dos inconvenientes importantes cuando se intentan vincular cursos de lengua y contenido. A pesar de la evidencia crítica a su favor (Fortanet-Gómez, 2013; Wilkinson, 2018; Zappa-Hollman, 2018) y de que en general los docentes de lengua a menudo están abiertos a los beneficios de una mejor integración, los profesores con un perfil eminentemente investigador, que normalmente imparten módulos de contenido, no siempre muestran el mismo interés (Floriano y Fuertes, 2021, p. 46). Estas reticencias pueden venir motivadas, como también han destacado Gieve y Cunico (2012, p. 282), por el miedo por parte de docentes y estudiantes a tener que rebajar las exigencias académicas o aumentar la dificultad de comprensión de contenidos culturales en la L2. Asimismo, Villabona y Cenoz (2022, pp. 38-39) también señalan cómo los docentes que imparten sus clases de especialidad en L2 suelen dar preferencia al contenido y solo perciben la lengua como una herramienta usada en el aula, no como el objeto de aprendizaje en sí mismo.

---

3. Véase el dossier sobre retos interculturales en la educación superior británica (Del Pozo, 2021), que recoge diversas iniciativas en torno a la integración de contenidos en la enseñanza del español en las universidades británicas, o los módulos AICLE en la Universidad de Leeds (García-Florenciano y Muñoz López, 2020).

Otro de los retos a los que a menudo se enfrentan los docentes tiene que ver con la complejidad y las dimensiones de los currículos, que a menudo incluyen rutas *Ab Initio* en las que los estudiantes empiezan el grado universitario desde un nivel A1 de lengua, pero asisten con sus compañeros que sí tienen conocimientos previos de español a los cursos de contenido en inglés. Eso implica a menudo una dificultad logística importante para desarrollar un programa integrado (Floriano y Fuertes, 2021, p. 46).

En este contexto, nace la propuesta de integrar un MOOC (*Massive Open Online Course*) de contenido[4] en una asignatura de lengua de último año, con el objetivo de que los estudiantes adquieran las competencias lingüísticas necesarias para expresarse en la L2 sobre las asignaturas de cultura que ya han cursado. A continuación, se ofrecerá una breve descripción del contexto y organización de este MOOC, los retos que supuso su adaptación a un curso de lengua y los resultados que se obtuvieron de su implantación.

2. Del MOOC a la clase de lengua

Esta propuesta didáctica se empezó a desarrollar antes del inicio del curso académico 2019/2020 y se aplicó al contexto de un grupo de estudiantes de último año del grado de Lenguas Modernas en la Universidad de Nottingham. En el Reino Unido, la mayoría de estudiantes que optan por un grado de lengua lo hacen combinándolo bien con otra lengua o con otro grado (Worton, 2009, pp. 17-18, 34). En el caso del último año de estudios en Nottingham, el contexto de aprendizaje consiste en grupos extensos de entre 100 y 140 estudiantes que reciben tres horas de clase semanales: una clase magistral con todo el grupo-clase, una hora de clase de destrezas escritas, con grupos reducidos de 20 alumnos y otra de destrezas orales con grupos de 10 estudiantes. Ello implica un equipo de entre 3 y 5 profesores cada año y un extenso trabajo de coordinación

---

4. Originalmente, este MOOC planteaba una propuesta AICLE en el que parte del contenido en inglés y español estaba integrado con actividades de lengua. Se decidió integrar únicamente la parte del contenido para poder ajustarlo a los objetivos de aprendizaje específicos de un módulo de tercer año, enmarcados en un C1 según el MCER.

y unificación de materiales y docencia para alcanzar los objetivos de aprendizaje de un nivel C1 que especifica el programa.

Esta propuesta didáctica buscaba integrar una perspectiva AICLE en el segundo semestre del año académico en español. Así, mientras el primer semestre estaba secuenciado siguiendo un programa de lengua de nivel C1 más convencional para destrezas orales y escritas, con cuatro temas (Viajes y Globalización, Datos y Consumo, Trabajo, Educación), el segundo semestre se organizó en torno a cuatro temas generales vinculados al mundo hispanohablante (Conquistadores, Independencias, España Contemporánea y Latinoamérica Contemporánea). La elección de esas cuatro etiquetas no fue al azar, sino que fue fruto de la incorporación al programa de un NOOC (*Nottingham Open Online Course*) de español diseñado en 2015 por el propio departamento.

Los NOOC son el equivalente propio de la Universidad de Nottingham a lo que se conoce como MOOC, cursos en línea, gratuitos y abiertos a cualquier usuario. El formato propio de Nottingham mantiene, sin embargo, el acceso limitado a la comunidad universitaria (estudiantes y personal) de sus tres campus internacionales en el Reino Unido, China y Malasia. El Departamento de Español de la universidad lanzó su propio NOOC en 2015 (Goria y Lagares, 2015). Se trataba de un curso de español que ofrecía contenido producido por los docentes del departamento, incluyendo textos y material multimedia en forma de vídeos y grabaciones de voz (Goria y Martínez Espada, 2017). El contenido cultural estaba construido en torno a las líneas de especialización del personal docente investigador y pretendía ofrecer una visión panorámica, aunque no exhaustiva, sobre distintos elementos relacionados con el mundo hispanohablante desde 1492 hasta la España y Latinoamérica contemporáneas, e incluía temas de historia, pintura, literatura o sociedad, entre otros temas.

Uno de los retos adaptando este NOOC fue que los contenidos estaban producidos en inglés y español, ya que su público objetivo pretendía contar con una audiencia no especializada y cuyo nivel de español oscilaba entre completo principiante y un A2 según el *MCER*. La incorporación del NOOC al grado de Español supuso, por lo tanto, un proceso de creación de materiales específicamente diseñados desde una perspectiva AICLE y multilingüe que complementaran aquellos ya existentes en el NOOC y aportaran actividades relevantes de lengua adaptadas al nivel C1 que se espera que los estudiantes alcancen. Para organizar y sistematizar con cierto sentido un módulo de por sí complejo, con un elevado número de alumnos, personal docente y horas de contacto, se asignó el NOOC a la clase oral, en cuyos seminarios los estudiantes deberían comentar en español materiales seleccionados por ellos mismos como parte del módulo. Por otro lado, en la clase escrita y la clase magistral, se utilizaron los temas del NOOC como punto de referencia para crear materiales que apoyaran el andamiaje lingüístico destinado a la producción lingüística oral y escrita. Se siguieron los siguientes criterios a la hora de crear materiales:

- relación con las unidades temáticas del NOOC,

- desarrollo de un nivel C1 de español según los criterios del *MCER*,

- adquisición de destrezas orales y escritas para tratar las líneas temáticas del NOOC,

- desarrollo de competencias culturales y críticas.

Para desarrollar y articular estos criterios, cada sesión estaba organizada en torno al trabajo previo en forma de comprensión lectora, comprensión auditiva o audiovisual de un texto relevante a nivel lingüístico y cultural. Por ejemplo, durante la sexta semana de clases, una semana que marca la mitad del semestre, se trabajaron materiales relacionados con el tráfico de esclavos transatlántico. En la Unidad 2 del NOOC correspondiente a las Independencias, se incluyen dos fragmentos de texto (Collins, 2013; Klein, 1988) y un video en el que la profesora Jane-Marie Collins evalúa la participación de España en el tráfico de esclavos. Todos los contenidos están producidos en inglés, así que se procedió a la creación de materiales de lengua para la clase escrita a través de la explotación del artículo 'Ruta por la Barcelona esclavista', publicado en el periódico *El Mundo* (Blanco, 2016). El texto se adaptó para poder trabajar dos elementos gramaticales característicos de un nivel C1 según el *Plan Curricular del Instituto Cervantes*: las oraciones temporales de simultaneidad introducidas por s*egún, a medida que, conforme* y el artículo neutro *lo* (Instituto Cervantes, 2006), y explotar vocabulario relativo al tráfico de esclavos transatlántico con la inclusión de un texto mapeado. Para explotar las cuestiones gramaticales se desarrollaron actividades inductivas basadas en tres pasos: identificación de estructuras en el texto, comprensión y extrapolación de reglas, sistematización y producción partiendo de los siguientes ejemplos del texto: "se recuerda lo normalizado y regularizado que estaba el esclavismo [...] a medida que crecía la crítica hacia el esclavismo muchos documentos que acreditaban la vinculación con el tráfico de esclavos fueron destruidos [...] Según aumentan las demandas para retirar más estatuas" (adaptado de Blanco, 2016).

Finalmente, en la fase de producción se proponía una tarea final colaborativa. En grupos, ya que se trataba de un seminario de destrezas escritas, los estudiantes debían producir una respuesta al artículo de periódico en el que podían exponer el caso de otra ciudad con pasado esclavista y argumentar su opinión. En la clase oral, los estudiantes debían explorar los temas del NOOC relacionados con el esclavismo, seleccionar un fragmento escrito o audiovisual, y preparar una breve presentación según un rol asignado previamente, siguiendo las instrucciones que se citan a continuación:

> "[r]evisa el material disponible [...]. Elige un video o un extracto de un artículo de los que están mencionados en estas secciones y prepara una breve presentación sobre el contenido del material elegido. Prepara tu presentación desde uno de los siguientes puntos de vista:
>
> un/una activista política afroamericana,
>
> un/una periodista de un medio de comunicación hispanoamericano,
>
> un/una político/a de un partido gubernamental hispanoamericano,
>
> un/una ciudadano/a de un país hispanoamericano, que desconocía la influencia afro en la historia de su país" (Goria et al., 2019).

Para terminar, se realizaba un pequeño debate en grupos en torno a las siguientes cuestiones siguiendo preguntas guía como las del siguiente ejemplo:

> "¿Qué deben hacer las instituciones como las universidades con su pasado esclavista?
>
> ¿Qué consecuencias crees que hay hoy en tu país del pasado esclavista? ¿Y en España o Latinoamérica?
>
> ¿Recuerdas el caso de la estatua esclavistas en Bristol que tiraron al río? ¿Hay algún caso similar en tu ciudad? ¿Qué problemas tienen las ciudades para gestionar ese patrimonio?" (Goria et al., 2019).

El objetivo de la propuesta didáctica era, por lo tanto, el de animar a los estudiantes a que actuaran de mediadores entre los materiales del NOOC y las propias clases de lengua, empleando con efectividad las estructuras y vocabulario adquiridos en los talleres de gramática y escritura, pero también con la intención de recrear un contexto multilingüe más en consonancia con las habilidades de mediación establecidas en la nueva edición del *MCER* (Council of Europe, 2020, p. 35).

3. Resultados

Para evaluar los resultados del proyecto se diseñó una breve encuesta con las siguientes preguntas. Todas excepto Q7 eran de respuesta cerrada (Tabla 1).

Tabla 1. Preguntas incluidas en la encuesta

Q1. How do you agree with the following statement: I like to learn things about the countries where they speak the language I am learning. a. Completely agree b. Somewhat agree c. Not agree nor disagree d. Somewhat disagree e. Strongly disagree

Q2. In this module I have learned new information about the Spanish-speaking countries. a. Strongly agree b. Agree c. Disagree d. Strongly disagree e. I don't know
Q3. Which topics have you enjoyed the most in the oral and written seminars? a. Semester 1 (Educación, Viajes, Trabajo, Datos) b. Semester 2 (The Spanish-Speaking World) c. Both d. None
Q4. Would you have liked to see more of...? a. Broad and general topics b. Topics related to the Spanish-speaking world c. Other
Q5. Thinking about the module of Transatlantic Crossings. ¿Has it provided you with new information about Spain and Latin America that you didn't know before? a. Yes b. No
Q6. Finally, the oral exam: a. I would prefer to talk about any general topic of my choice b. I would prefer to talk about a topic related to the Spanish-speaking world of my choice c. Other
Q7. Is there any other issue regarding the topics of written and oral seminars that you would like to add?

Esta sección ofrece un breve análisis cualitativo de los resultados obtenidos en la encuesta. El cuestionario obtuvo 54 respuestas y tanto Q1 como Q2 muestran (Tabla 2) que los estudiantes mantienen ciertas expectativas en cuanto a la incorporación de contenidos culturales al programa de grado, en la línea de lo planteado por Gieve y Cunico (2012) y Parks (2020).

Todos los estudiantes mencionaron interés y motivación previa por aprender cuestiones relacionadas con los países hispanohablantes de manera simultánea al estudio de la lengua. De la misma manera, 53 afirmaron haber aprendido cuestiones extralingüísticas en el módulo de lengua.

Tabla 2. Respuestas (R) de los estudiantes (n=54)

R	Q1	Q2	Q3	Q4	Q5	Q6
a	46	24	28	33	50	38
b	8	29	18	17	4	16
c	0	0	0	3	-	0
d	0	0	0	-	-	-
e	0	1	-	-	-	-

Figura 1. Respuestas (R) de los estudiantes (n=54)

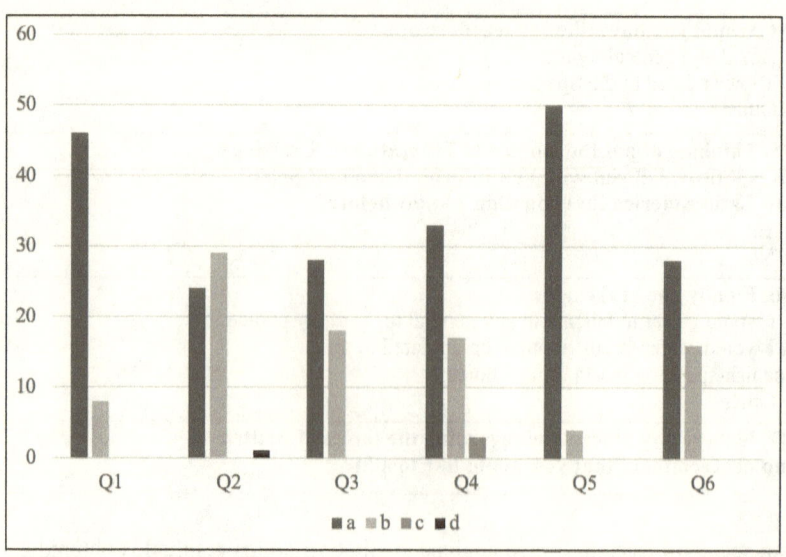

Sin embargo, al analizar el resto del cuestionario, conviene matizar qué tipo de información han adquirido los estudiantes y cómo se alinea con las destrezas comunicativas y culturales que se tenían por objetivo. En ese sentido, el panorama resulta más complejo, puesto que Q3, Q4 y Q6 muestran percepciones divididas en cuanto a la preferencia por temas culturales, y especialmente problemático, el uso del NOOC vinculado a la evaluación oral. De hecho, una mayoría simple prefiere temas más generales en lugar de los temas estudiados del NOOC, sobre todo para trabajar destrezas orales. Por ejemplo, en Q4, hay una mayoría de 33 estudiantes que prefirieron los temas generales del primer semestre, frente a

17 que opta por los temas del NOOC del segundo semestre. Se da el mismo caso en Q6, cuando 38 estudiantes afirman que hubieran preferido otro tipo de temas para el examen oral.

Para comprender la aparente contradicción entre las respuestas a Q1, Q2 y Q5, que indican interés por el mundo hispanohablante y haber aprendido y adquirido nueva información, con el resto de resultados que indican preferencia por temas más generales, conviene evaluar algunas de las respuestas abiertas en Q7. La Tabla 3 muestra una selección.

Tabla 3. Q7

Estudiante	Comentario
1	Honestly, Transatlantic Crossings is really boring. It's a shame because it would be amazing to learn more about Latin America and the conquests, but having to read/watch videos on it that aren't particularly engaging isn't the most enticing way of doing that.
2	I like learning about the Spanish speaking world, but the SNOOC on top of all other modules is just a bit too much.
3	I would prefer to choice (sic) my final oral topic. It has slightly stressed me out trying to find a topic that fits into transatlantic crossings which I also enjoy / am interested in.
4	The topics in Semester 1 were much more interesting, making it more engaging for students to participate and talk. I feel that topics in the Transatlantic Crossings module test our knowledge of the topic, rather than our actual language level instead.
5	It does push us to learn new things and country-specific topics that we wouldn't have necessarily learnt in general language classes.
6	I have found the topics of oral classes quite academic and stuffy.

Únicamente 22 estudiantes incluyeron una respuesta en Q7, y, por cuestiones de espacio y relevancia, se ha incluido una selección de las más significativas para el análisis. Una idea que reaparece en los comentarios de los estudiantes es que los temas del NOOC se percibían como difíciles para expresarse oralmente. De hecho, este comentario se reitera en 14 de las 22 respuestas obtenidas en Q7. Así, aunque podemos confirmar el interés por explorar cuestiones culturales, las respuestas apuntan a una preocupación compartida ante temas cuya presentación se percibe como demasiado académica o cuyo desconocimiento no permite al estudiante posicionarse de forma crítica o anclar el contenido a conocimientos previos. De hecho, el punto más problemático tiene que ver con la evaluación oral. Mientras resulta destacable que ningún estudiante mencione los materiales de las clases escritas ni los vincule con las clases orales, la mayoría de comentarios apuntan a cierta incomodidad a que la evaluación oral esté basada en temas del NOOC.

Estos resultados pueden interpretarse en línea de lo que señala Canning (2009, p. 5) sobre cómo se ha moldeado la percepción de los estudios de Lenguas Modernas en Reino Unido, desde un punto de vista utilitario, basado en adquirir únicamente competencias lingüísticas como herramienta para mejorar las oportunidades de trabajo[5]. Esa percepción parece haber relegado los estudios sobre cultura, política y sociedad a un elemento secundario y decorativo, que los estudiantes consideran como menos relevante en términos de empleabilidad. En ese sentido, Pountain (2019, pp. 246-247) también apunta a que, aunque la adquisición de competencias lingüísticas resulta esencial, parte de la crisis de identidad de los grados de lenguas está relacionada con la progresiva división del contenido cultural respecto al contenido lingüístico. Los comentarios de los estudiantes y cierto rechazo hacia temas 'demasiado académicos' muestran, en primer lugar, las expectativas que, en cierto modo, los propios programas de lenguas han creado al intentar atraer a sus estudiantes[6]. En segundo lugar, la aparente contradicción entre el deseo de aprender cuestiones del mundo hispanohablante y el rechazo a ciertos temas percibidos como demasiado complejos apuntan a la necesidad de implementar un andamiaje eficaz de integración de lengua y contenido, así como a un debate más profundo sobre el

---

[5]. De hecho, Canning (2009) desmiente la idea de que conocer lenguas aumenta las perspectivas de trabajo en el mercado laboral británico. Según el mismo trabajo, lo que realmente parece interesar a los empleadores tiene que ver con competencias transversales de mediación, interculturalidad y comunicación, no con competencias únicamente lingüísticas (pp.7-8). En ese sentido, los grados de lenguas parecen estar remando en dirección contraria al mercado de trabajo, puesto que el énfasis en las competencias lingüísticas debería dirigirse también hacia su integración con otras competencias culturales.

[6]. La brecha entre las expectativas docentes y las del alumnado pone en cuestión otro debate que va más allá de los objetivos de este artículo, y que apunta a la importancia de la opinión y la retroalimentación de los estudiantes a la hora de decidir contenidos académicos y curriculares. Convendría preguntarse qué mecanismos se pueden emplear para facilitar la participación de los estudiantes en la decisión de contenidos académicos, o incluso si los estudiantes deben participar en esas decisiones.

currículo de los grados de lenguas[7]. Si se ha transmitido que aprender lengua era una cuestión meramente utilitaria para aumentar las oportunidades en el mercado de trabajo, obviando las competencias culturales, interculturales y de mediación, es esperable que un proyecto como el del NOOC pueda generar opiniones mixtas entre el alumnado.

4. Conclusiones

Los resultados del proyecto permiten concluir con varias recomendaciones para incluir una perspectiva AICLE en un módulo de lengua. En primer lugar, resulta evidente que los estudiantes están motivados y desean conocer aspectos culturales de la lengua meta. Sin embargo, al explotar esta motivación, a menudo las propias estructuras de los grados ahondan en la separación entre lengua y contenido, en lugar de integrarla. Así, esa motivación debería trabajarse desde el primer año, incluyendo no solo los módulos de lengua, sino integrando también la lengua en los módulos de contenido.

En ese sentido, trabajar con las expectativas de los estudiantes – cómo perciben el estudio de la cultura, qué entienden por cultura, cómo la integran en su aprendizaje lingüístico, y viceversa – es indispensable tanto en la clase de lengua como en la de contenido. Aunque el NOOC permitió a los estudiantes trasladar y ampliar lo aprendido en algunos módulos de contenido a la L2, los mismos estudiantes señalaron la dificultad de establecer y expresar esos vínculos en español. Asimismo, es imprescindible alinear de forma coherente los objetivos de aprendizaje, los contenidos y la evaluación. La percepción de algunos temas como 'difíciles' fue una constante durante el semestre que pudo llegar a interferir en la expresión oral, más si cabe en un contexto de evaluación. En resumen, si bien la aplicación del NOOC fue positiva en muchos ámbitos, a la hora de trasladar este proyecto a una escala mayor conviene abordar la integración de lengua y contenido a lo largo de todo el currículo y en diversos módulos de

---

[7]. Tanto Canning (2009) como Pountain (2019) señalan la necesidad de una reflexión más profunda sobre el currículo de los grados de lenguas y el urgente debate en torno a las competencias y conocimientos que se debería presuponer a los futuros graduados, así como ese debate debería vertebrar el diseño de los currículos.

forma simultánea, trabajando con las expectativas de los estudiantes desde su llegada a la universidad.

Referencias bibliográficas

Blanco, L. (2016). Ruta por la Barcelona esclavista. *El Mundo*. https://www.elmundo.es/catal una/2016/03/29/56facdfd46163ffc588b45df.html

Busse, V., & Walter, C. (2013). Foreign language learning motivation in higher education: a longitudinal study of motivational changes and their causes. *The Modern Language Journal, 97*(2), 435-456.

Canning, J. (2009). A skill or a discipline? An examination of employability and the study of modern foreign languages. *Journal of Employability and the Humanities, 3*, 1-12.

Collins, J. M. (2013). *Mãe Africana, Pátria Brasileira: negotiating the racial politics of identity, freedom and motherhood in nineteenth-century Bahia, Brazil*. University of Nottingham eRepository. http://eprints.nottingham.ac.uk/2192/

Council of Europe. (2020). *Common European framework of reference for languages: learning, teaching, assessment. Companion volume*. Council of Europe.

Coyle, D. (2011). *ITALIC research report. Investigating student gains: content and language integrated learning*. University of Aberdeen, https://www.abdn.ac.uk/italic/documents/ITALIC_Report_-_Complete_Version.pdf

Coyle, D. (2015). Strengthening integrated learning: towards a new era for pluriliteracies and intercultural learning. *Latin American Journal of Content and Language Integrated Learning, 8*(2), 84-103. https://doi.org/10.5294/laclil.2015.8.2.2

Coyle, D., Hood, P., & Marsh, D. (2010). *Content and language integrated learning*. Cambridge University Press. https://doi.org/10.1017/9781009024549

Dalton-Puffer, C. (2013). A construct of cognitive discourse functions for conceptualising content-language integration in CLIL and multilingual education. *European Journal of Applied Linguistics, 1*(2), 216-253. https://doi.org/10.1515/eujal-2013-0011

Del Pozo, A. (2021). (Ed). Dossier. ¿Lengua o contenido? Retos interculturales de la enseñanza del español en las universidades del Reino Unido. *Doblele. Español Lengua Extranjera, 7*.

Dobson, A. (2020). Context is everything: reflections on CLIL in the UK. *The Language Learning Journal, 48*, 1-11.

Floriano, C., & Fuertes, M. (2021). Enfoque AICLE y enseñanza del español en la educación superior británica: perspectivas del profesorado de ELE. *Doblele. Español Lengua Extranjera, 7*, 31-49. https://doi.org/10.5565/rev/doblele.82

Fortanet-Gómez, I. (2013). *CLIL in higher education. Towards a multilingual language policy.* Multilingual Matters. https://doi.org/10.21832/9781847699374

García-Florenciano, M., & Muñoz López, J. (2020). Hacia la integración de lengua y contenido a través del aprendizaje digital y la clase invertida. In A. Lallana, L. Hernández Martín & M. Fuertes Gutiérrez (Eds), *Five years of ELEUK conferences: a selection of short papers from 2019* (pp. 7-18). Research-Publishing.net. https://doi.org/10.14705/rpnet.2020.41.1071

Gieve, S., & Cunico, S. (2012). Language and content in the modern foreign languages degree: a students' perspective. *The Language Learning Journal, 40*(3), 273-291. https://doi.org/10.1080/09571736.2011.639459

Goria, C., & Lagares, M. (2015). Open online language courses: the multi-level model of the Spanish N(ottingham)OOC. In F. Helm, L. Bradley, M. Guarda, & S. Thouësny (Eds), *Critical CALL – proceedings of the 2015 EUROCALL Conference, Padova, Italy* (pp. 221-227). Research-publishing.net. https://doi.org/10.14705/rpnet.2015.000337

Goria, C., & Martínez Espada, R. (2017). A Cultural Approach to Online Language Learning: The Spanish NOOC Project at Nottingham. In Pixel (Ed.), *Conference proceedings. ICT for language learning. 10th Conference Edition. Florence, Italy, 9-10 November 2017* (pp. 122-127). Libreriauniversitaria.

Goria, C., Guevara, E., Lagares, M., Martínez Espada, R., & Sharman, A. (2019). *Spain and Latin America. Transatlantic crossings.* Nottingham Open Online Course.

Instituto Cervantes. (2006). *Plan curricular del Instituto Cervantes.* Centro Virtual Cervantes. https://cvc.cervantes.es/ensenanza/biblioteca_ele/plan_curricular/default.htm

Klein, H. (1988). *African slavery in Latin America and the Caribbean.* Oxford University Press.

Parks, E. (2020). The separation between language and content in Modern Language degrees: implications for students' development of critical cultural awareness and criticality. *Language and Intercultural Communication, 20*(1), 22-36. https://doi.org/10.1080/14708477.2019.1679161

Pountain, C. J. (2019). Modern languages as an academic discipline: the linguistic component. *Language, Culture and Curriculum, 32*(3), 244-260. https://doi.org/10.1080/07908318.2019.1661153

Villabona, N., & Cenoz, J. (2022). The integration of content and language in CLIL: a challenge for content-driven and language-driven teachers. *Language, Culture and Curriculum, 35*(1), 36-50. https://doi.org/10.1080/07908318.2021.1910703

Wilkinson, R. (2018). Content and language integration at universities? Collaborative reflections. *International Journal of Bilingual Education and Bilingualism, 21*(5), 607-615. https://doi.org/10.1080/13670050.2018.1491948

Worton, D. (2009). *Review of modern foreign languages provision in higher education in England*. HEFCE. https://discovery.ucl.ac.uk/id/eprint/329251/2/hereview-worton.pdf

Zappa-Hollman, S. (2018). Collaborations between language and content university instructors: factors and indicators of positive partnerships. *International Journal of Bilingual Education and Bilingualism, 21*(5), 591-606. https://doi.org/10.1080/13670050.2018.1491946

2. Avances en gramática

4. El aprendizaje del modo y el aspecto en español como segunda o tercera lengua en el Reino Unido

Lourdes Barquín Sanmartín[1]

Resumen[2]

El español es una de las lenguas extranjeras más estudiadas en la educación secundaria y universitaria del Reino Unido. No obstante, las encuestas del British Council, Ofsted y el Department for Education muestran que el francés todavía sigue siendo la lengua extranjera predominante en la mayoría de los colegios primaria y, por tanto, la que se enseña en primer lugar. El español, en cambio, se introduce con frecuencia en secundaria, por lo que la gran parte de los estudiantes británicos aprende francés como segunda lengua (L2) y español como tercera lengua (L3). Nuestra investigación se centra en estudiantes hablantes de inglés (L1), francés (L2) y español (L3), y analiza cómo el francés, lengua tipológicamente más próxima al español que al inglés, podría funcionar como puente y facilitar el aprendizaje de español a través de transferencias positivas. Nos centramos específicamente en el impacto del francés en el proceso

---

1. The University of Edinburgh, Edinburgh, United Kingdom; lbarquin@ed.ac.uk; https://orcid.org/0000-0001-7892-2177

2. Spanish is one of the most studied foreign languages in the United Kingdom, both in secondary and higher education. Nevertheless, the surveys from the British Council, Ofsted and the Department for Education show that French is still the predominant foreign language in most primary schools and, therefore, is taught first. Spanish is primarily taught in secondary education, which means that most British students learn French as a second language (L2) and Spanish as a third language (L3). Our research focuses on speakers of English (L1), French (L2) and Spanish (L3), and how a previous knowledge of French, as a typologically similar language to Spanish than to English, could work as a bridge and facilitate the learning process of Spanish through positive transfers. We are particularly interested in how French can have a positive impact on the acquisition of the mood and aspect in Spanish, two grammatical areas that pose an important challenge among English native speakers and have a higher risk to fossilise in intermediate and more advanced levels. In order to measure the positive impact of French in Spanish, firstly, the errors made by learners of Spanish (L2) regarding the mood and the aspect have been quantified, and, secondly, the errors made by learners of French (L2) and Spanish (L3) have been compared. Our hypothesis supports that the group that studies French reports significantly less mistakes thanks to the positive interaction between French and Spanish. This research aims to give visibility to the teaching of two Romance foreign languages, such as French (L2) and Spanish (L3), in Anglophone societies as this linguistic combination is regarded to be beneficial in the acquisition of the contrastive use of the mood and the verb aspect.

Para citar este capítulo: Barquín Sanmartín, L. (2022). El aprendizaje del modo y el aspecto en español como segunda o tercera lengua en el Reino Unido. En C. Soler Montes, R. Díaz-Bravo y V. Colomer i Domínguez (Eds), *Avances investigadores y pedagógicos sobre la enseñanza del español: aportes desde el contexto universitario británico* (pp. 73-87). Research-publishing.net. https://doi.org/10.14705/rpnet.2022.58.1400

adquisitivo del modo y el aspecto, dos áreas gramaticales del español que generan gran dificultad en angloparlantes y que muestran una alta predisposición a fosilizarse en niveles intermedios e, incluso, más avanzados. Para medir la influencia del francés en el español, cuantificamos los errores cometidos por aprendices de español (L2) en lo relativo al modo y aspecto y los comparamos con los cometidos por estudiantes de francés (L2) y español (L3). Nuestra hipótesis sostiene que el grupo que estudia francés reporta menos errores gracias a una retroalimentación positiva entre el francés y el español. Esta investigación pretende dar visibilidad a la enseñanza de dos LE románicas, como francés (L2) y español (L3), en sociedades mayoritariamente angloparlantes al considerarse una combinación lingüística beneficiosa en la adquisición del uso contrastivo del modo y el aspecto verbal.

Palabras clave: modalidad, aspecto verbal, tercera lengua, transferencia, proximidad tipológica.

1. Enseñanza de lenguas adicionales en el Reino Unido

Europa es un continente con una gran riqueza lingüística (Consejo de Europa, 2010) que destaca en políticas de protección de lenguas como el *Marco común europeo de referencia para las lenguas* (MCER) y en programas académicos que fomentan el multilingüismo como el *Erasmus+* (Consejo de Europa, 2022). El Reino Unido, a pesar de su salida de la Unión Europea, sigue formando parte del contexto multilingüe europeo donde el aprendizaje de lenguas extranjeras (LE) es una prioridad, especialmente en el sector educativo.

El presente trabajo estudia el caso particular del Reino Unido, una sociedad mayoritariamente monolingüe inmersa en el contexto multilingüe característico de Europa. Esto quedó patente en la última encuesta europea, en donde el Reino

Unido resultó en última posición al reportar el número más alto de monolingües, con un 65,4% de adultos británicos que no hablan ninguna LE en contraste con el 31,8% de media europea (EUROSTAT, 2016). Como observamos, el país británico no sigue la tendencia multilingüe predominante en Europa.

En la secundaria inglesa, la encuesta *Language Trends* (Tinsley, 2019) aborda el declive que han sufrido las LE desde su eliminación del currículo obligatorio en 2004, derivando en un descenso del 19% en el número de matrículas en francés, alemán y español (Tinsley, 2019). A este declive se le suman los efectos negativos del Brexit (Collen, 2020, 2021), entre los que destaca la pérdida de convenios lingüísticos con Europa y la reducción de profesores nativos de LE. Ante estas dificultades, el Ministerio de Educación británico muestra una actitud proteccionista hacia las LE al convertir las LE en una materia obligatoria en secundaria hasta los 14 años (Department for Education, 2014). También destaca el *1+2 Approach* en Escocia, un modelo fundado en la 'enseñanza plurilingüe' que garantiza el aprendizaje de dos LE desde los primeros años de la educación primaria.

La 'enseñanza plurilingüe' es una expresión adoptada por la UNESCO (2003) en la Resolución 30 C/12 de 1999 y divulgada en Europa por el MAREP (Candelier, Daryai-Hansen y Schröder-Sura, 2012) cuyo objetivo es activar el bagaje lingüístico del estudiante y utilizar las lenguas que ya conoce, incluyendo su lengua materna y otras LE, para acceder con más facilidad a nuevas lenguas adicionales (MCER, 2001, 2021). La iniciativa *1+2 Approach* introduce la primera LE en primero de primaria y la segunda en quinto de primaria aspirando, así, a que los estudiantes hayan estudiado una L2 y L3 antes de iniciar la secundaria.

La educación superior también se enfrenta a numerosos desafíos en la enseñanza de LE. El Brexit ha dificultado la contratación de profesores europeos de LE debido al alto coste del permiso de residencia y los estudiantes, por su lado, se enfrentan a numerosas limitaciones burocráticas a la hora de realizar estancias en el extranjero (Critchley, Illingworth y Wright, 2021, p. 39). También existe incertidumbre en cuanto a la disolución del programa *Erasmus+* y su sustitución por el *Turing Scheme*. Ante estos retos, la mayoría de las universidades muestran una actitud proteccionista hacia las LE como parte de su proyecto de internacionalización, pero no se puede negar que el *Brexit* ha fomentado los prejuicios sociales hacia las LE (Critchley et al., 2021, p. 40).

En relación con la COVID-19, la transición a la enseñanza remota en secundaria y la falta de formación específica de los docentes en el uso de nuevas tecnologías derivó en un aprendizaje mayoritariamente autodidacta y asíncrono que perjudicó especialmente a los más jóvenes (Collen, 2020, 2021). En la universidad, la transición a la enseñanza en línea afectó con dureza al profesorado, quienes tuvieron que adaptar el currículo y las metodologías didácticas al nuevo contexto virtual preservando, en la medida de lo posible, los altos estándares pedagógicos. Estos cambios se perciben como positivos al crear conciencia sobre el futuro de la enseñanza superior, la cual se espera que mantenga algunos de los elementos híbridos más eficaces (Critchley et al., 2021, p. 35).

El alumnado también se vio duramente afectado. Destaca el impacto en la salud mental de los estudiantes, lo cual se evidenció en la aparente pérdida de interés por la materia, los bajos índices de asistencia y la negativa a encender las cámaras durante las clases, afectando gravemente a la interacción en clase y la eficiencia de las tareas de carácter comunicativo (Critchley et al., 2021, p. 32).

2. La situación de la enseñanza del español y el francés en el Reino Unido

El francés, español y alemán son las LE más populares en la secundaria británica (Tinsley y Board, 2013, p. 19) y universitaria (Critchley et al., 2021), pero el francés y el español son los verdaderos protagonistas. En primaria, las encuestas anuales de *Language Trends* siguen mostrando la prevalencia del francés como primera LE, una tradición heredada del auge que vivió Francia como potencia europea a finales del siglo XVII y su consiguiente configuración como *lingua franca*. En 2021, un 72% de colegios primaria ofertaban francés, mientras que tan solo un 29% preferían enseñar español (Collen, 2021, p. 8).

Esta tendencia continúa en la secundaria inglesa, en donde el francés recibe más matrículas en los GCSE, exámenes que se celebran al terminar la etapa obligatoria de secundaria. No obstante, el español es la lengua que mayor crecimiento ha experimentado en los últimos años, con casi el doble de matrículas en 2020 en comparación con 2005. De hecho, el español adelantó al francés en 2018 por primera vez en la historia en *A Level*, exámenes de acceso a la universidad (Tinsley, 2019, pp. 4-5). Aunque se sigue prefiriendo el francés en primaria y secundaria, se prevé que el español adelante al francés antes del 2030 (Collen, 2020, p. 3). El crecimiento del español también es visible en las estadísticas del Instituto Cervantes (2021, p. 15), el cual identifica al Reino Unido como el cuarto país del mundo con más estudiantes de español en la educación secundaria y universitaria.

Al igual que en Inglaterra, la opción preferida en la educación primaria escocesa es el francés, impartida en un 88% de instituciones en 2019, mientras que el español se imparte en tan solo un 10%. Estos datos dejan entrever un paradigma lingüístico en la primaria escocesa, donde el francés se enseña primero, en calidad de L2, y el español más tarde, como L3 (Scottish Government, 2020, pp. 5-6). En la secundaria escocesa, el español, francés y alemán también son las tres lenguas más estudiadas, siendo el francés y el español las más ofertadas y demandadas. *Language Trends Scotland* (Doughty, 2019) sigue posicionando al francés como lengua más estudiada, pero también dejan entrever un inminente cambio de paradigma lingüístico. La evolución del francés de los últimos años muestra un declive desde el 2016 en los *Highers* y *Advanced Highers,* los dos exámenes de acceso a la universidad. En cambio, el español en *Highers* creció un 96% entre el 2012 y el 2019, registrando en 2019 el doble de matrículas que en 2012 (Doughty, 2019, p. 6).

En la educación superior, las últimas encuestas de *Language Provision* (Critchley et al., 2021; Polisca, Wright, Álvarez y Montoro, 2019) llevadas a cabo universidades británicas muestra una situación parecida a la educación secundaria: el francés, español y alemán son las tres lenguas más ofertadas respectivamente, siendo el francés y el español las únicas que se ofertan en el 100% de las instituciones encuestadas. También sigue siendo evidente el dominio del francés como lengua con mayor número de matrículas en grados universitarios y en cursos de lenguas sin créditos, aunque el español le sigue muy de cerca (Bowler, 2020; Critchley et al., 2021).

El declive de las LE que mencionábamos al principio también es palpable en las universidades británicas, en donde el número de matrículas para estudiar grados de LE cayó un 36% entre el 2011 y 2020 (Baker, 2021). Como consecuencia, The British Academy (2018, p. 1) reportó el cierre de diez departamentos de lenguas modernas en universidades británicas y una reducción significativa en la oferta de LE entre el 2007 y 2017. Entre las lenguas más populares, el francés y el alemán han perdido popularidad en los últimos años (Polisca et al., 2019, pp. 12-13), mientras que el español despierta cada vez mayor interés en los exámenes de acceso a la universidad, con el doble de matrículas en *A Levels* en 2020 comparado con 2005 (Collen, 2021, p. 18).

3. Estudio

Con los datos que hemos compartido arriba, observamos que la mayoría de los colegios de primaria en Inglaterra y Escocia enseñan francés L2 y, más adelante, en secundaria, se introduce el español como L3. Este perfil lingüístico sigue estando presente en la educación superior (Critchley et al., 2021, p. 39), lo cual podemos corroborar con los estudiantes matriculados en *Spanish 1B*[3] (ver Figura 1) y *Spanish 2*[4] (ver Figura 2) de la Universidad de Edimburgo, la mayoría de ellos provenientes de la educación primaria y secundaria británicas.

Nuestra investigación aspira a cubrir los niveles A1-B2 a través de los cursos *Spanish 1A, Spanish 1B* y *Spanish 2* para, así, evaluar el grado de influencia del francés (L2) en la distinción aspectual y modal en español (L3) a lo largo de las diferentes etapas adquisitivas. Por motivos de límites de espacio, los resultados que compartimos en el presente escrito corresponden al grupo de nivel B2, en

---

3. Nivel B1 según los requisitos de entrada marcados por la Universidad de Edimburgo.

4. Nivel B2 según los requisitos de entrada marcados por la Universidad de Edimburgo.

donde ya podemos observar indicios de una influencia positiva del francés L2 en el español L3 y que compartiremos a continuación.

Figura 1. Estudiantes (n=25) francés L2 y español L3

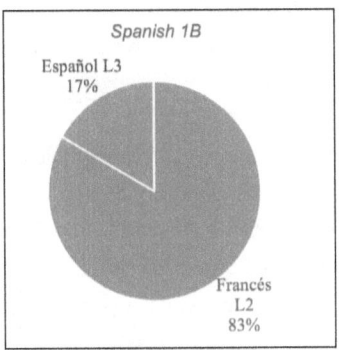

Figura 2. Estudiantes (n=30) francés L2 y español L3

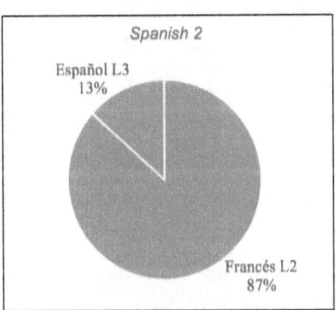

Para medir la influencia del francés en el español, hemos filtrado a los estudiantes por la variable de francés L2 y hemos creado dos subgrupos: los que estudian francés y español, por un lado, y los que estudian solo español, por otro. Nuestra principal herramienta de recolección de datos es un cuestionario de naturaleza cuantitativa que está formado por ítems de selección múltiple, de emparejamiento y de rellenar espacios. El cuestionario se ha incluido como actividad opcional de *e-Learning* y ofrecimos cinco puntos extra para animar a los estudiantes a participar.

Capítulo 4

En *Spanish 2* hemos contado con una participación de 91 estudiantes de español L2, considerado el grupo bilingüe[5], y 30 estudiantes de francés L2 y español L3, el grupo trilingüe. Todos los estudiantes completaron 39 ejercicios gramaticales sobre el modo y el aspecto, pero el grupo trilingüe respondió a dos preguntas adicionales de tipo biográfico donde se mide el orden de adquisición de sus lenguas y su nivel de competencia en ellas, las cuales confirman el orden secuencial francés L2 y español L3 característico del sistema educativo británico.

En nuestro estudio abordamos dos áreas gramaticales altamente problemáticas en aprendices angloparlantes de español: el uso contrastivo del subjuntivo/indicativo y de los pretéritos indefinido/imperfecto. Para medir la influencia del francés en el español trabajamos mayoritariamente con predicados que, a nivel semántico-discursivo, son afines en francés y español. En las tareas que evalúan el modo, incluimos principalmente oraciones sustantivas al mostrar un alto grado de equivalencia entre ambas lenguas y, en menor medida, incluimos oraciones de relativo y adverbiales. En las tareas sobre el aspecto prescindimos de los usos especiales[6] del imperfecto para centrarnos en aquellos más frecuentes: los progresivos, iterativos y de propiedad. En cuanto al indefinido, abarcamos eventos télicos de estilo puntual[7].

En lo relativo al aspecto verbal, nuestro trabajo se apoya fuertemente en el estudio de Salaberry (2005), quien estudia a un grupo de angloparlantes aprendices de español (L2) y portugués (L3). Salaberry (2005) sigue la línea narrativa de la Hipótesis del Aspecto Léxico (Andersen, 1991) y evalúa el contraste imperfecto/indefinido a través de producciones escritas de estilo narrativo. En cambio, nuestra investigación requiere una herramienta cuantitativa que facilite la recolecta de datos pues estudiamos dos elementos gramaticales diferentes y, además, contamos con un alto índice de participación, lo cual dificulta el análisis individual de producciones escritas.

---

5. A pesar de la imprecisión del concepto «multilingüismo» en este contexto, empleamos los términos «bilingüe» y «trilingüe» exclusivamente para identificar a los dos grupos de participantes del estudio.

6. Algunos ejemplos de usos especiales del imperfecto son el citativo, el onírico o el de cortesía.

7. Eventos que, según su aspecto léxico, expresan una realización o un logro.

Este estudio todavía se encuentra en progreso, pero los datos que ya han sido recolectados muestran indicios que apoyan una influencia positiva del francés en el español. Al contrastar los resultados sobre el aspecto verbal entre el grupo trilingüe y bilingüe, observamos que el primero muestra mayores índices de acierto en el uso del imperfecto, especialmente en predicados atélicos[8] de tipo estativo. Este resultado (ver Figura 3) se repite con frecuencia a lo largo del cuestionario, por lo que entendemos que los estudiantes de francés son más sensibles al aspecto léxico del verbo y perciben su mayor compatibilidad con predicados atélicos.

Figura 3. Nº de estudiantes (n=30) que eligieron el imperfecto y el indefinido

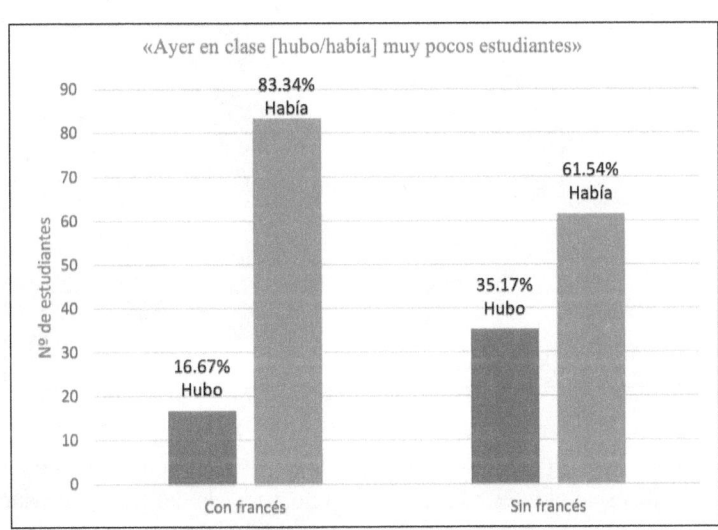

El cuestionario también incluye predicados no prototípicos. En el Figura 4, el verbo estativo *tener* suele ser más compatible con imperfecto pero, en este caso, lo hemos acotado aspectualmente con la locución adverbial *durante seis año,* transformándolo en un evento télico más compatible con indefinido.

---

8. Los predicados atélicos expresan situaciones homogéneas, sin una acotación temporal clara. En base al aspecto léxico, se pueden distinguir eventos atélicos de tipo estativo, en donde cada parte del evento comparte las mismas propiedades del todo, y de actividad, la cual puede expresar habitualidad. El término télico ('fin' del griego τέλος), hace referencia a la propiedad aspectual de un predicado donde el evento o acción en cuestión está delimitado mediante un punto final bien definido.

Capítulo 4

La naturaleza no prototípica de este ítem genera especial confusión en los estudiantes trilingües, una respuesta esperable cuando el estudiante reconoce la estatividad del verbo y su aparente incompatibilidad con la forma en indefinido. El grupo bilingüe curiosamente no muestra dudas significativas, lo cual nos hace pensar que su procesamiento mental no tiene en cuenta el aspecto léxico de *tener* ni su tendencia natural a combinarse con imperfecto.

Figura 4. Nº de estudiantes (n=30) que eligieron el imperfecto y el indefinido

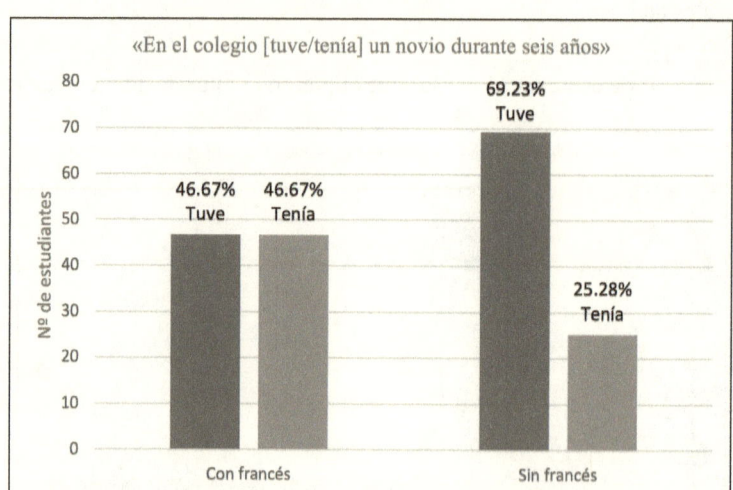

La preferencia por el indefinido es un comportamiento frecuente en angloparlantes aprendices de español pues, al ser la forma no marcada del pasado español, se adquiere antes que el imperfecto (Andersen, 1991). De esta forma, el indefinido se convierte en el pretérito predeterminado, empleándose en cualquier predicado con independencia del aspecto léxico y la telicidad, tal y como sostiene la hipótesis del marcador único (Salaberry, 1999, 2005). En cambio, el imperfecto carece de tiempo verbal análogo en inglés y la distinción aspectual entre eventos completos/incompletos que tiene el español no es posible en inglés.

En general, observamos que los estudiantes de francés muestran mayor conciencia sobre el aspecto léxico que el grupo que no estudia francés, algo especialmente evidente en predicados estativos de propiedad[9]. El cuestionario incluye predicados con imperfectos progresivos y habituales, pero los resultados más significativos aparecen en predicados estativos. Puesto que el francés L2 es la principal variable que estudiamos, presuponemos que las discrepancias entre los dos grupos de participantes derivan de la influencia del francés; en este caso, una influencia positiva que hace al estudiante trilingüe más sensible al contenido aspectual del verbo en español.

En cuanto al modo, el inglés, al no ser una lengua flexiva y no expresar modalidad a nivel morfológico, se apoya en estrategias sintácticas y léxicas para expresar modalidad. Cabe mencionar que el empleo de estas estrategias es poco frecuente en el inglés cotidiano y se suele restringir a contextos literarios, académicos y formales. Esta limitación del inglés a la hora de expresar modalidad parece suplirse en el grupo trilingüe, el cual muestra una mayor corrección en el uso del subjuntivo en oraciones sustantivas equivalentes en español y francés (ver Figura 5), un indicio de una posible transferencia positiva del francés al español.

Figura 5. N° de estudiantes (n=30) que eligieron el subjuntivo

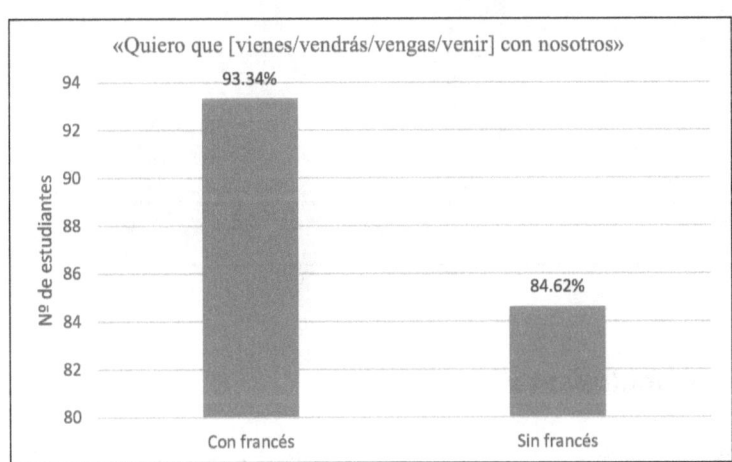

---

9. Predicados donde el verbo principal tiene un significado inherente de estado (tener, haber, ser, saber) y, por tanto, no está acotado temporalmente. En esencia, se trata de predicados atélicos donde, al no existir ninguna forma de iteración, el evento se convierte en una propiedad del sujeto.

El grupo trilingüe también reporta una mayor corrección en los ítems de doble selección modal, es decir, que no rigen un solo modo a nivel gramatical, sino que permiten la alternancia de ambos dependiendo del contexto discursivo (ver Figura 6). En estos casos, el uso del subjuntivo o indicativo expresa diferentes actitudes del hablante en donde, por ejemplo, el verbo *decir* puede actuar como verbo comunicativo en combinación con indicativo o, por el contrario, como verbo de orden, petición o mandato con subjuntivo. La mayor corrección del grupo trilingüe es un indicio de una posible influencia positiva del francés en el español al ser el francés la única variable diferenciadora entre ambos grupos de participantes.

Figura 6. Nº de estudiantes (n=30) que eligieron el subjuntivo

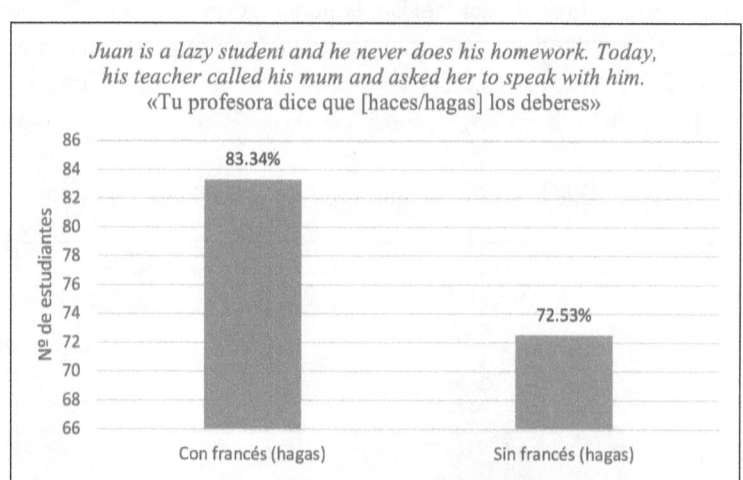

4. Conclusiones

A pesar del declive generalizado que sufren las LE en la sociedad británica, existen proyectos como el *1+2 Approach* escocés que abren paso a la enseñanza plurilingüe en el Reino Unido, en donde el francés se aprende como L2 y el español como L3. Este orden secuencial comienza a perfilarse en primaria y secundaria y se mantiene en la educación universitaria, lo cual hemos confirmado con los estudiantes de primero y segundo de español en la Universidad de Edimburgo.

En nuestro estudio nos interesamos en las ventajas adquisicionales que podría experimentar el angloparlante aprendiz de francés L2 y español L3, especialmente en lo referido a la adquisición del aspecto y el modo en español al ser estos dos de los elementos gramaticales más dificultosos para los nativos de inglés. Nuestra hipótesis sostiene que la proximidad tipológica entre estas dos lenguas romances podría fomentar una retroalimentación positiva entre ellas, en donde el conocimiento aspectual y modal adquirido previamente en francés podría facilitar el aprendizaje de estas dos mismas áreas gramaticales en español.

Desde una perspectiva metodológica, el enfoque plurilingüe es una iniciativa que podría ser altamente eficaz para angloparlantes aprendices de dos LE pertenecientes a la misma familia lingüística, tal y como ocurre en la educación secundaria y universitaria británica. Esta ventaja adquisicional, combinada con metodologías multilingües como el *1+2 Approach,* podría ayudar a combatir el monolingüismo característico del Reino Unido y convertirlo en un país lingüísticamente más competente a nivel europeo y mundial.

Referencias bibliográficas

Andersen, R. W. (1991). Developmental sequences: the emergence of aspect marking in second language acquisition. In T. Huebner & C. A. Ferguson (Eds), *Crosscurrents in second language acquisition and linguistic theories* (pp. 305-324). John Benjamins Publishing Company. https://doi.org/10.1075/lald.2.17and

Baker, S. (2021). Languages decline sees numbers drop to zero at UK universities. *Times Higher Education.* https://www.timeshighereducation.com/news/languages-decline-sees-numbers-drop-zero-ukuniversities

Bowler, M. (2020). A languages crisis? HEPI Report 123. *Higher Education Policy Institute.* https://www.hepi.ac.uk/wp-content/uploads/2020/01/HEPI_A-Languages-Crisis_Report-123-FINAL.pdf

Candelier, M., Daryai-Hansen, P. G., & Schröder-Sura, A. (2012). The Framework of Reference for Pluralistic Approaches to Languages and Cultures: a complement to the CEFR to develop plurilingual and intercultural competence. *Innovation in Language Learning and Teaching, 6*(3), 243-257. https://doi.org/10.1080/17501229.2012.725252

Collen, I. (2020). *Language trends 2020. Language teaching in primary and secondary schools in England. Survey report.* British Council. https://www.britishcouncil.org/sites/default/files/language_trends_2020_0.pdf

Collen, I. (2021). *Language trends 2021. Language teaching in primary and secondary schools in England. Survey report.* British Council. https://www.britishcouncil.org/sites/default/files/language_trends_2021_report.pdf

Consejo de Europa. (2010). Versión consolidada del Tratado de Funcionamiento de la Unión Europea. *Diario Oficial de la Unión Europea*, serie C, número 83, pp. 47-390. https://eur-lex.europa.eu/legal-content/ES/TXT/PDF/?uri=CELEX:12012E/TXT

Consejo de Europa. (2022). *Guía del programa Erasmus+.* Versión 2 en español. Fecha de publicación: 18 de febrero de 2022. https://erasmus-plus.ec.europa.eu/es/node/2765

Critchley, M., Illingworth, J., & Wright, V. (2021). *Survey of language provision in UK universities in 2021.* University Council of Modern Languages (UCML), Association for University Language Communities in the UK & Ireland (AULC). https://university-council-modern-languages.org/2021/07/05/ucml-aulc-survey-2021/

Department for Education. (2014). *The national curriculum in England: key stages 3 and 4 framework.* https://assets.publishing.service.gov.uk/government/uploads/system/uploads/attachment_data/file/381344/Master_final_national_curriculum_28_Nov.pdf

Doughty, H. (2019). *Scotland's national centre for languages. Language trends in Scotland 2012-2019.* University of Strathclyde. https://scilt.org.uk/Portals/24/Library/statistics/Language%20Trends%20SCO%202012-2019%20finalV2.pdf

EUROSTAT. (2016). *Number of foreign languages known (self-reported) by sex* [edat_aes_l21]. https://appsso.eurostat.ec.europa.eu/nui/submitViewTableAction.do

Instituto Cervantes. (2021). *El español: una lengua viva. Informe 2021.* https://cvc.cervantes.es/lengua/espanol_lengua_viva/pdf/espanol_lengua_viva_2021.pdf

MCER. (2001). *Marco común europeo de referencia para las lenguas*. Consejo de Europa, Ministerio de Educación, Cultura y Deporte/Instituto Cervantes. https://cvc.cervantes.es/ensenanza/biblioteca_ele/marco/cvc_mer.pdf

MCER. (2021). *Marco común europeo de referencia para las lenguas*. Consejo de Europa, Ministerio de Educación, Cultura y Deporte/Instituto Cervantes. https://cvc.cervantes.es/ensenanza/biblioteca_ele/marco_complementario/

Polisca, E., Wright, V., Álvarez, I., & Montoro, C. (2019). *Language provision in UK MFL departments 2019 survey. Report no. 2, December*. University Council of Modern Languages (UCML). https://university-council-modern-languages.org/wp-content/uploads/2019/12/LanguageProvisionMFLsSurvey2019.pdf

Salaberry, R. (1999). The development of past tense verbal morphology in classroom L2 Spanish. *Applied Linguistics, 20*(2), 151-178. https://doi.org/10.1093/applin/20.2.151

Salaberry, R. (2005). Evidence for transfer of knowledge of aspect from L2 Spanish to L3 Portuguese. In D. Ayoun & M. R. Salaberry (Eds), *Tense and aspect in Romance languages: theoretical and applied perspectives* (pp. 179-210). https://doi.org/10.1075/sibil.29.07sal

Scottish Government. (2020). *1+2 languages implementation findings from the 2019 local authority survey*. https://www.gov.scot/publications/12-languages-implementation-findings-2019-local-authority-survey/documents/

The British Academy. (2018). *British Academy briefing: the humanities and social sciences at A-Level*. https://www.thebritishacademy.ac.uk/sites/default/files/TheHumanitiesAndSocialSciencesAtALevel2018.pdf

Tinsley, T. (2019). *Language trends 2019. Language teaching in primary and secondary schools in England. Survey report*. British Council. https://www.britishcouncil.org/sites/default/files/language-trends-2019.pdf

Tinsley, T., & Board, K. (2013). *Languages for the future. What languages the UK needs most and why*. British Council & Alcantara Communications. https://www.britishcouncil.org/sites/default/files/languages-for-the-future-report.pdf

UNESCO. (2003). *La educación en un mundo plurilingüe. UNESCO Biblioteca Digital*. Organización de las Naciones Unidas para la Educación, la Ciencia y la Cultura. https://unesdoc.unesco.org/ark:/48223/pf0000129728_spa

5. La (no) declaración: una aplicación didáctica del contraste modal para la clase de ELE

Elena Solá Simón[1]

Resumen[2]

En este artículo se describe una aplicación didáctica en la que se introduce, por primera vez, el contraste modal español a estudiantes universitarios británicos de primer año con aproximadamente 70 horas de instrucción previa en la lengua meta, la cual forma parte de un estudio empírico (Solá Simón, 2020). El método utilizado se fundamenta en el enfoque cognitivo-operativo, concretamente, en los conceptos de *declaración* y *no-declaración* postulados por Ruiz Campillo (2004). La aplicación didáctica consiste en varias presentaciones de PowerPoint en las cuales se introducen conceptos pragmático-discursivos universales y esenciales para entender la pareja conceptual que sirve como único mecanismo de selección modal a los estudiantes. Asimismo, se describen los puntos más relevantes del material didáctico utilizado para introducir los contextos del *Mapa operativo del modo* (Ruiz Campillo, 2007a) que se cubren a este nivel de competencia (A2.2/B1.1). Por último, se detallan los aspectos más relevantes del material que se utilizará en el segundo estudio empírico longitudinal en el que se cubrirá todo

---

1. Universiteit Leiden, Leiden, Netherlands; e.sola.simon@hum.leidenuniv.nl; https://orcid.org/0000-0002-3115-1659

2. In this article, I describe a didactic application in which Spanish mood contrast is first introduced to British first-year university students with approximately 70 hours of previous instruction in the target language, which was implemented as part of an empirical study (Solá Simón, 2020). The method employed is based on the cognitive-operative approach, specifically, on the concepts of declaration and non-declaration proposed by Ruiz Campillo (2004). The didactic application consists of several PowerPoint presentations which begin with the introduction of essential and universal discourse-pragmatic concepts, in order to understand the conceptual pair which will serve students as a single mechanism to select between moods. Additionally, I describe the most relevant aspects of the didactic material employed to introduce the contexts of the Mood Map (Ruiz Campillo, 2007a) included at this level of proficiency (A2.2/B1.1). Lastly, I explain the main points of the material that will be used in the second (longitudinal) empirical study in which all the contexts within the Mood Map will be introduced and thus the next level of proficiency will also be included (B1.2/B2.1). Therefore, this study will comprise (non) veritative, evaluative, intentional, and (non) identifying matrices.

Para citar este capítulo: Solá Simón, E. (2022). La (no) declaración: una aplicación didáctica del contraste modal para la clase de ELE. En C. Soler Montes, R. Díaz-Bravo y V. Colomer i Domínguez (Eds), *Avances investigadores y pedagógicos sobre la enseñanza del español: aportes desde el contexto universitario británico* (pp. 89-106). Research-publishing.net. https://doi.org/10.14705/rpnet.2022.58.1401

Capítulo 5

el Mapa Operativo del Modo y que por lo tanto abarcará también el siguiente nivel de competencia (B1.2/B2.1). De este modo, el estudio incluirá tanto matrices (no) veritativas, valorativas e intencionales, como las (no) identificativas.

Palabras clave: didáctica, modo, ELE, cognitivo-operativo, declaración.

1. Introducción

En este artículo se describe una aplicación didáctica dirigida a aprendientes de ELE en la que se introduce el contraste modal español mediante el modelo cognitivo-operativo basado en los conceptos de declaración y no-declaración formulados por Ruiz Campillo (2004). Más concretamente, va dirigida a estudiantes principiantes en el contexto de la enseñanza superior en Reino Unido, por lo que en el material se utiliza principalmente el inglés, tanto como lengua vehicular como para establecer contrastes entre las diferentes estructuras propias de este punto gramatical en ambas lenguas.

Esta aplicación didáctica se implementó en el curso académico 2018/2019 con estudiantes principiantes[3] con tan solo 70 horas de instrucción previa en la lengua meta, por lo que su nivel de competencia correspondía a un A2.2/B1.1, aproximadamente. Los resultados del estudio empírico (Solá Simón, 2020) del cual formaba parte esta aplicación se resumen en el apartado 3. Asimismo, en el apartado 4 se incluye la descripción del material didáctico de un segundo estudio empírico longitudinal que se estará llevando a cabo en curso académico 2021-2022 y que incluirá también el siguiente nivel de competencia (B1.2/B2.1).

---

3. Los estudiantes participantes estudiaban español como asignatura optativa, por lo que solo algunos podían continuar estudiando la lengua en años sucesivos (p.ej. los estudiantes que habían elegido un grado en Lenguas Extranjeras, Derecho o Educación). Ninguno de ellos había estudiado nunca español oficialmente o en los cuatro años anteriores.

2. Marco teórico

El enfoque cognitivo-operativo (ECO en adelante) se fundamenta, en parte, en la lingüística cognitiva (LC en adelante). Algunos postulados de esta última que son relevantes para este modelo se resumen a continuación (Ibarretxe-Antuñano y Cadierno, 2019).

- La lengua está vinculada intrínsecamente a la cognición humana y a procesos cognitivos como la percepción, la atención y la categorización.

- La gramática se considera esencialmente significativa, lo que implica que el hablante tiene un papel central en cómo conceptualiza o interpreta una situación concreta.

- Los conceptos de perfil y base tienen relación con el fenómeno cognitivo de la atención. Describen la capacidad de discriminación (o perfilamiento) del hablante cuando conceptualiza una situación: el perfil se refiere a lo que el hablante presta atención en la comunicación y la base a lo que está en segundo plano. Las diferencias de perfilamiento se ven determinadas tanto por la percepción del sujeto de un evento específico como por la lengua que habla.

- El concepto de categorización alude a la interpretación de la experiencia de estructuras aprendidas previamente. Los hablantes de una lengua agrupan elementos pertenecientes a una misma categoría por considerarlos equivalentes. Dentro de cada categoría, algunos elementos son más centrales que otros, por lo que se consideran como el prototipo de esa categoría. Los elementos menos centrales representan la extensión del prototipo[4].

- La gramática determina la estructuración y simbolización del contenido conceptual de la lengua, por lo que se puede describir mediante

---

4. O radialidad, en terminología propia del ECO.

imágenes. Distintas lenguas a menudo emplean imágenes diferentes (p.ej. metáforas) que se acomodan a la convención lingüística. Además, la gramática proporciona al hablante un repertorio de recursos simbólicos, cuya construcción requiere tanto de su capacidad resolutiva como de su conocimiento de la convención lingüística, la consideración del contexto, sus objetivos comunicativos, sensibilidad estética y otros aspectos de la cultura general que puedan resultar pertinentes.

El término 'operativo' alude, principalmente, a la continua búsqueda de un valor operativo (o prototipo) capaz de explicar la lógica de cada una de las estructuras gramaticales propias de la lengua meta al aprendiente. En palabras de Llopis-García, Real Espinosa y Ruiz Campillo (2012), una gramática operativa se podría definir de la siguiente manera:

> "una gramática que intente explicar rigurosamente el significado final de toda manifestación real del lenguaje y [...] que defina las reglas estrictas de generación de significado final a partir del significado estricto de las formas con que se vehicula, de modo que se pueda operar con ellas, de una manera intencional y significativa, en persecución de ese significado final. Una gramática operativa debe ser, en definitiva, una gramática mecánica, manipulativa, que permita decisiones discretas sobre la forma, pero que esté, sin embargo, basada radicalmente en el *significado* de la forma" (p. 20).

Ruiz Campillo (2007b) añade que una gramática operativa es "una gramática de significados básicos y permanentes con los que tomar decisiones gramaticales" (p. 6). De esta manera, la gramática se convierte en un elemento esencial para que el hablante pueda tomar conciencia de las diferentes maneras en las que se puede comunicar.

Por último, cabe mencionar que, en el contexto de la clase de lengua, este enfoque fomenta la manipulación de material auténtico, la cual puede ayudar al estudiante a entender los componentes básicos y sus infinitas manifestaciones durante la comunicación en situaciones reales. La clase de lengua se convierte así en una especie de laboratorio en el que los estudiantes 'examinan' el significado de una forma específica en diferentes contextos y aprenden a responder y actuar en consecuencia. Asimismo, la contribución del estudiante en el proceso de aprendizaje se convierte en algo esencial, ya que este tipo de instrucción es significativa e intuitiva, y promueve la negociación de significado.

Con relación al estudio e instrucción de la selección modal en español, la pareja conceptual de la declaración y no-declaración postulada por Ruiz Campillo (2004, 2007a, 2007b, 2008, 2018) representaría el valor operativo[5] único capaz de explicar todos los casos de contraste modal entre el indicativo y el subjuntivo.

El mismo autor (Ruiz Campillo, 2008) señala que solo mediante un análisis basado tanto en el 'significado lingüístico'[6] del modo como en la 'arquitectura lingüística'[7] del enunciado, al mismo tiempo, será capaz de proporcionar un valor operativo único, y solamente presuponiendo que el hablante o sujeto responde a ese significado de manera operativa e intencional. En otras palabras, es el sujeto el que elige una determinada matriz y, consecuentemente, un modo para el verbo de la proposición (arquitectura lingüística) para transmitir lo que quiere decir de una manera determinada (significado lingüístico).

El concepto de declaración se define como "la manifestación formal y explícita de lo que un sujeto sabe (afirma) o piensa (supone), es decir, de aquello que ofrece como su contribución (plena o parcial) al discurso" (Ruiz Campillo, 2008, p. 9). La no-declaración correspondería a la manifestación explícita y formal de lo que un sujeto no afirma ni supone. El sujeto elige el modo indicativo cuando declara y el subjuntivo cuando no declara. Es importante señalar que este autor define el concepto de matriz en este contexto como "el

---

5. O prototipo, en terminología propia de la LC.

6. Significado de la forma.

7. Con esto se refiere a que el subjuntivo es propio de la subordinación, mientras que el indicativo puede aparecer tanto en oraciones simples como en cláusulas subordinadas.

significado modal que el hablante otorga formalmente al predicado que está representando, explicite ese significado o no en palabras, y sean cuales sean las palabras que podrían explicitarlo" (Ruiz Campillo, 2008, p. 17).

El mapa operativo del modo desarrollado por Ruiz Campillo (2007a) especifica que existen 3 contextos en los que todas las matrices modales se pueden clasificar.

- El Contexto 1 es no-declarativo, por lo que activa el modo subjuntivo en la proposición, y se compone de matrices intencionales con las que se plantean objetivos o deseos (p.ej. *Es necesario que...*, *Espero que...*).

- El Contexto 2 se compone a su vez de tres subcontextos: el Contexto 2A es declarativo y abarca matrices veritativas (p.ej. *Es verdad que...*), el Contexto 2B es no-declarativo e incluye las matrices no-veritativas o de cuestionamiento (p.ej. *No es verdad que..., Es posible que...*), y el Contexto 2C también es no-declarativo y comprende las matrices valorativas o de comentario (p.ej. *Es estupendo que...*). Las matrices del Contexto 2A activan el indicativo en la proposición y las de los Contextos 2B y 2C activan el subjuntivo.

- El Contexto 3 se compone de matrices especificativas relativas a objetos, lugares, modos, tiempos o cantidades. Este último contexto se divide en dos subcontextos, uno declarativo o identificativo (3A: *...un perro que ladra...*) y otro no-declarativo o no-identificativo (3B: *...un perro que ladre...*). Los conceptos de 'identificación' y 'no-identificación' representan la radialidad del valor operativo, en terminología de la gramática operativa o ECO, o la extensión del prototipo en terminología de la LC. Este contexto abarca tanto oraciones de relativo como temporales.

En las secciones 3 y 4 se describen con más detalle los diferentes contextos con explicaciones y ejemplos incluidos en el material didáctico desarrollado para ambos estudios empíricos. El primer estudio (Solá Simón, 2020) se centró en la introducción de los conceptos de declaración y no-declaración, y en los contextos donde la selección del modo es 'obligatoria', es decir, de matrices que *siempre* activan el indicativo (declarativas – 2A) o de matrices que *siempre* activan el subjuntivo (no declarativas – 1, 2B y 2C). El segundo estudio representa una continuación y ampliación del primero, y por lo tanto, abarca también el siguiente nivel de competencia y el último contexto del mapa, en concreto, el de las matrices especificativas, que pueden activar los dos modos (3A/B) dependiendo de la identificación o no del antecedente.

Cabe reiterar que una de las características principales del ECO es la importancia del *significado* en el estudio de la lengua. Este adquiere una dimensión extra que está fuertemente vinculada a la perspectiva del hablante (o sujeto), en otras palabras, a lo que el hablante presta atención durante la comunicación (*perfilamiento*, en terminología de la LC). Esto es relevante porque cuando el sujeto selecciona una matriz en particular con el objetivo de declarar o no una proposición, tendrá en cuenta tanto factores léxicos, semánticos y pragmáticos, como su propia perspectiva. En las siguientes dos secciones, donde se describe el primer estudio empírico y el material que se utilizará en el segundo estudio, se hace hincapié en ese significado modal de las matrices, que puede provocar, por ejemplo, que la misma matriz pertenezca a dos contextos diferentes y, por ello, active modos diferentes en la subordinada.

Para concluir, autores como Ruiz Campillo (2018) y Llopis-García (2019) señalan que en el aula de ELE todavía se tiende a introducir el contraste modal mediante un método más tradicional, el cual se puede describir brevemente como descriptivo, memorístico, que prioriza la forma y que separa esta de su significado. Mediante la ley de significado o prototipo de la declaración y no-declaración (Ruiz Campillo, 2007a) el indicativo representa una declaración del hecho que marca y el subjuntivo, una no-declaración del hecho que marca. Ruiz Campillo (2018) añade que desarrollar esta capacidad del estudiante de decidir entre los dos modos a partir de un significado permanente es esencial para ganar en operatividad y lógica.

3. Estudio empírico

3.1. Aplicación didáctica

La aplicación didáctica[8] utilizada en el primer estudio empírico (Solá Simón, 2020) iba dirigida a estudiantes universitarios británicos principiantes de primer año a los que se les presentaban por primera vez los conceptos de modalidad y modo. Consistió en dos presentaciones de PowerPoint en las que se utilizaba el inglés como lengua vehicular. La primera presentación comenzaba con la introducción de ideas básicas sobre la comunicación humana y las diferentes formas en las que esta se produce, ilustrando estas explicaciones con imágenes. El principal objetivo era establecer similitudes entre las diferentes lenguas utilizadas por los estudiantes, para así comprobar cómo el concepto de modalidad es universal.

Las definiciones de los diferentes conceptos se simplificaron al máximo, puesto que los estudiantes británicos, en general, no están acostumbrados a utilizar una terminología metalingüística cuando estudian una lengua, tanto la materna (L1) como una extranjera (Pountain, 2017). Además, se incluyeron varios ejemplos del modo subjuntivo en inglés, para que tomaran conciencia de la existencia de este modo en su L1.

Mediante el uso de cuatro oraciones compuestas que compartían la misma cláusula subordinada, se explicaba el concepto de declaración y su contraparte, la no-declaración. Asimismo, para reforzar la idea de que declarar es la representación lingüística de lo que el hablante o sujeto sabe (afirma) o cree (asume), se realizó una práctica basada en una presentación del portal web Tercera Gramática[9]. Esta práctica consistió en sustituir las matrices por 'el sujeto afirma o asume que', si la sustitución resultaba en una oración con un significado similar, el sujeto

---

[8]. Esta aplicación didáctica abarcó dos semanas y media, utilizando un total de 9 horas lectivas. Las presentaciones de PowerPoint descritas aquí se introdujeron durante la clase plenaria semanal de gramática, las otras tres horas de tutoría semanales se utilizaron para realizar abundante práctica y rellenar las tareas del estudio.

[9]. www.terceragramatica.com

estaba declarando, y si, por el contrario, el significado cambiaba, se trataba de una no-declaración. Los siguientes ejemplos ilustraban esta idea:

- I know (that) you understand this concept. = I assert (that) you understand this concept.

- I think (that) you understand this concept. = I assume (that) you understand this concept.

- Javier doubts (that) you understand this concept. ≠ Javier asserts or assumes (that) you understand this concept.

Un aspecto importante que se reiteró tras esta práctica es la idea de que el modo depende completamente de lo que el hablante o sujeto quiere comunicar lingüísticamente y de cómo lo quiere comunicar (perspectiva), aspecto que no tiene nada que ver con lo que ocurre en el mundo real. Asimismo, todos los ejemplos se presentaron en inglés, puesto que la morfología del presente de subjuntivo todavía no había sido introducida, y, al mismo tiempo, para facilitar la comprensión del concepto de declaración, que era el principal objetivo de esta primera presentación.

La segunda presentación consistió en la introducción de una parte del *Mapa del modo* (Ruiz Campillo, 2007a), en particular, de los dos primeros contextos que se estudian a este nivel de competencia (A2-B1.1). Cabe señalar que, para esta aplicación didáctica, esos dos contextos se redujeron a uno[10], con el fin de simplificar y separar de forma más evidente los subcontextos declarativos de los no-declarativos. En la Tabla 1 y Figura 1 a continuación se pueden apreciar las diferencias entre el mapa original y el adaptado a esta aplicación didáctica.

El mapa adaptado también incluía imágenes (avatares) específicas para cada subcontexto y colores diferentes para cada modo, los cuales formaron parte

---

10. Los contextos 1 y 2 del mapa original se incluyen en el contexto 1 del mapa adaptado.

Capítulo 5

de toda práctica posterior. En la Figura 1 se puede ver la diapositiva de la presentación que contiene el primer contexto introducido a este nivel.

Tabla 1. Adaptación del Mapa Operativo del Modo (Ruiz Campillo, 2007a, p. 51)

Mapa Original	Mapa Adaptado
Contexto 1: matrices intencionales	Contexto 1A: matrices veritativas
Contexto 2A: matrices veritativas	Contexto 1B: matrices no-veritativas
Contexto 2B: matrices no-veritativas	Contexto 1C: matrices valorativas
Contexto 2C: matrices valorativas	Contexto 1D: matrices intencionales
Contexto 3A: matrices especificativas identificativas	Contexto 2A: matrices identificativas
Contexto 3B: matrices especificativas no-identificativas	Contexto 2B: matrices no-identificativas

Figura 1. Mapa del modo I (Contexto 1)

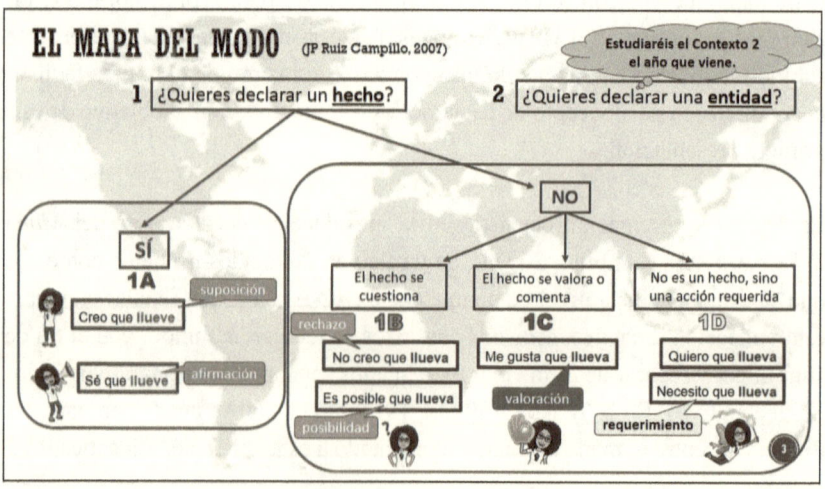

Es importante mencionar que entre la primera y la segunda presentación se completaron otras tres sesiones en donde se introdujo la morfología del presente de subjuntivo y se realizó abundante práctica de sustitución de matrices por 'el sujeto afirma o asume que' para decidir si se trataba de declaraciones o no-declaraciones. Por este motivo, en la segunda presentación se utilizó el español como lengua vehicular, aunque algunos términos y ejemplos se tradujeron al inglés para asegurar la comprensión de los estudiantes.

Con respecto a la práctica realizada por los estudiantes durante la aplicación didáctica, una gran parte de los ejercicios utilizados pertenecía a su libro de texto[11]. Las explicaciones gramaticales de este libro destacan la importancia de los siguientes aspectos: forma, significado, imagen, realce, ejemplos, y partir siempre de lo conocido (Miquel, 2021). Las actividades, además, involucran al estudiante de manera que este moviliza un amplio abanico de estrategias, como, por ejemplo, la comprensión y el procesamiento del valor de la forma, la reflexión sobre el error (ajustando así su interlengua), y la producción de mayor a menor control. Finalmente, se puede decir que la calidad de la lengua en los ejemplos y actividades incluidos en este libro se caracteriza por el uso de *input* natural, representativo y frecuentemente contextualizado en (secciones de) diálogos. La práctica de esta segunda presentación consistió, sobre todo, en clasificar un elevado número de matrices en los cuatro subcontextos, y en decidir si se estaba declarando o no mediante la técnica de sustituir la matriz de un listado de oraciones por 'el sujeto afirma o supone que', práctica que habían realizado con anterioridad.

3.2. Resultados

Los resultados del estudio empírico donde se incluyó esta aplicación didáctica aportaron amplia evidencia de la efectividad del ECO[12]. Se realizó durante el segundo semestre del curso académico 2018/2019 en una universidad británica con 72 estudiantes principiantes de primer año. La aplicación didáctica abarcó nueve sesiones presenciales de 50 minutos cada una y los participantes completaron tres tareas para ser analizadas como parte del estudio: dos de comprensión y una de producción.

---

11. Gramática básica del estudiante de español en su versión en inglés (Alonso et al., 2018).

12. Para una descripción detallada de los resultados, consultar Solá Simón (2020).

El análisis de las tareas reveló que los participantes habían alcanzado una comprensión excelente de los conceptos de declaración y no-declaración como único mecanismo para seleccionar entre los modos indicativo y subjuntivo. Solo cuando se les pidió que clasificaran y, por lo tanto, distinguieran entre los diferentes contextos no-declarativos, hubo vacilación entre algunos participantes. Aunque es importante recalcar que el principal objetivo a este nivel de competencia era la distinción justificada entre declaraciones y no-declaraciones, y esta destreza quedó ampliamente demostrada. Asimismo, se puede afirmar que la última tarea de producción fue la que más contribuyó a corroborar la efectividad de este método, puesto que los participantes no solo demostraron ser capaces de distinguir entre declaraciones y no-declaraciones y conocer bien el significado modal de cada matriz utilizada, sino también de utilizar la morfología del subjuntivo con casi total precisión. Algunos incluso emplearon la doble subordinación con acierto.

Con el fin de establecer una comparación válida, se realizó un estudio empírico anterior[13] con estudiantes universitarios británicos que estaban cursando cada uno de los niveles de competencia en los que se enseña la selección modal[14] y en el que se utilizaba un método más tradicional[15]. La Tabla 2 presenta los promedios de respuestas adecuadas en las distintas tareas completadas por los estudiantes participantes en los dos estudios. La diferencia es notable: los resultados fueron más favorables en el estudio en el que se aplicó un enfoque cognitivo-operativo[16].

---

13. Este estudio formaba parte de la misma investigación de doctorado.

14. Concretamente, en los niveles B1(segundo curso), B2 (tercer curso) y C1+/C2 (quinto curso) de la universidad británica donde se realizó el estudio durante los cursos académicos 2014/15 y 2015/16.

15. Descriptivo, basado principalmente en una clasificación sintáctico-semántica según el tipo de matriz y/o cláusula subordinada utilizadas.

16. El primer y único estudio empírico publicado hasta la fecha de publicación del presente trabajo es el que llevó a cabo Llopis-García (2009) con estudiantes alemanes de nivel intermedio, los cuales recibieron instrucción mediante los conceptos de declaración y no-declaración (valor operativo), y los conceptos de identificación y no-identificación (radialidad), en las oraciones de relativo, temporales y concesivas. Los resultados mostraron que, una vez que los estudiantes habían aprendido el valor operativo, eran capaces de conectar forma y significado adecuadamente y, de esta manera, demostrar su comprensión.

Tabla 2. Porcentaje promedio de respuestas adecuadas en ambos estudios (Solá Simón, 2020, p. 88)

ENFOQUE TRADICIONAL			ECO
B1 (2o año)	B2 (3er año)	C1+/C2 (5o año)	A2+/B1- (1er año)
TC 1 (n = 71): 73 %	TC 1 (n = 79): 55 %	TC 1 (n = 51): 42 %	TC 1 (n = 71): 87 %
TC 2 (n = 22): 53 %			TC 2 (n = 72): 80 %
TP 1 (n = 46): 50 %	N/A	TP 1 (n = 38): 20 %[17]	TP 1 (n = 57): 78 %
TP 2 (n = 20): 37 %			

*TC: tarea de comprensión; TP: tarea de producción

4. Próximos pasos: estudio empírico de intervención

El segundo estudio empírico se estará llevando a cabo en el curso académico 2021-2022 en una universidad británica diferente, y representa el siguiente y lógico paso para investigar la efectividad de este método en los siguientes niveles de competencia e intentar consolidar y reafirmar los resultados del primer estudio. El material didáctico estará compuesto de cuatro[18] presentaciones de PowerPoint, entre las que se incluyen las dos utilizadas en el primer estudio, más otras dos donde se introduce el resto del Mapa del Modo, en concreto, el Contexto 3 del mapa original o Contexto 2 del adaptado, las oraciones concesivas, que pertenecen al Contexto 2 del mapa original o Contexto 1 del adaptado, más los operadores de conjetura en donde el uso de los dos modos indica una gradación de hipótesis, como se explicará con más detalle en esta sección.

---

17. En esta tarea de producción, la gran mayoría de estudiantes participantes se inclinó por el uso de parataxis o coordinación en lugar de subordinación, pese a representar esta última la opción más relevante en cada uno de los contextos presentados.

18. A estas habría que añadir otras tres presentaciones que incluyen actividades de práctica para reforzar los conceptos presentados y el vocabulario.

Capítulo 5

La tercera presentación comienza con un recordatorio de la pareja conceptual y de la parte del mapa anteriormente introducida. Debido a que el último contexto del mapa abarca las matrices especificativas, se empieza introduciendo, mediante ejemplos claros y con una terminología simplificada, la 'arquitectura lingüística' de las oraciones de relativo y temporales. Tras esto, se les presenta el último contexto, en el que se introduce el 'significado lingüístico' con algunos ejemplos. En este Contexto 2 no declaramos hechos sino entidades, por lo que se utilizarán los conceptos de identificación y no-identificación, que representan la radialidad del valor operativo de la declaración: cuando (no) declaramos una entidad, lo que hacemos realmente es (no) identificarla. Mediante otros ejemplos e interpretaciones, se explica y refuerza este mecanismo. La práctica posterior consiste en contrastar situaciones en donde se identifica (o no) el antecedente, en el caso de oraciones relativas, o el momento, en el caso de las temporales.

La segunda parte de esta presentación introduce las oraciones concesivas de la misma forma que las matrices especificativas, es decir, con ejemplos, interpretaciones y mostrando su posición en el mapa. En este caso, las oraciones concesivas pertenecen al Contexto 1 del mapa adaptado, en particular, a los subcontextos 1A, 1B y 1C (ver Figura 1 en sección anterior). La Figura 2 muestra las diferentes interpretaciones tal y como aparecen en la diapositiva.

Figura 2. Interpretación de las oraciones concesivas

ORACIONES CONCESIVAS
(interpretaciones)

Ejemplos:
A.- Trabaja 20 horas a la semana, aunque tiene que estudiar para los exámenes.
B.- Trabaja 20 horas a la semana, aunque **tenga** que estudiar para los exámenes.

Interpretación 1: en indicativo, Contexto 1A. Declaro que tiene que estudiar y que esto es un obstáculo, dificultad o concesión.

Interpretación 2: en subjuntivo, Contexto 1B. **No declaro** que tiene que estudiar porque **no lo sé**. Pero aunque sea verdad, esto no es un obstáculo, dificultad o concesión. (Se cuestiona la idea).

Interpretación 3: en subjuntivo, Contexto 1C. **Sé** que tiene que estudiar, pero **no** lo **declaro** porque no es relevante, y por eso tampoco es un obstáculo, dificultad o concesión. (Valoración).

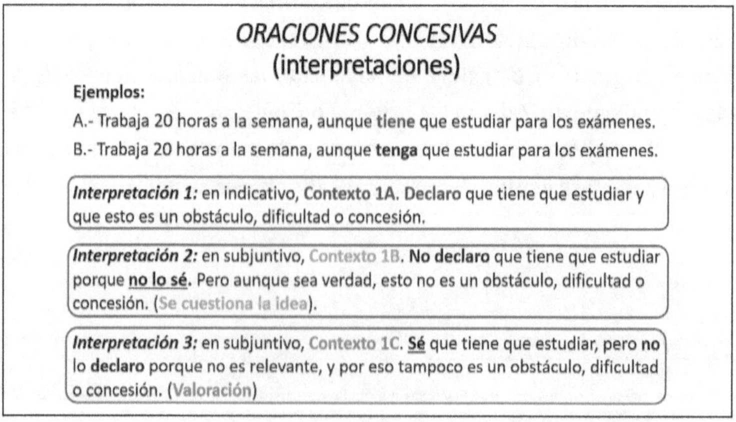

En la Figura 3 se muestra el Mapa del Modo completo, es decir, incluyendo todas las estructuras introducidas hasta el momento[19].

Figura 3. Mapa del modo completo (adaptado)

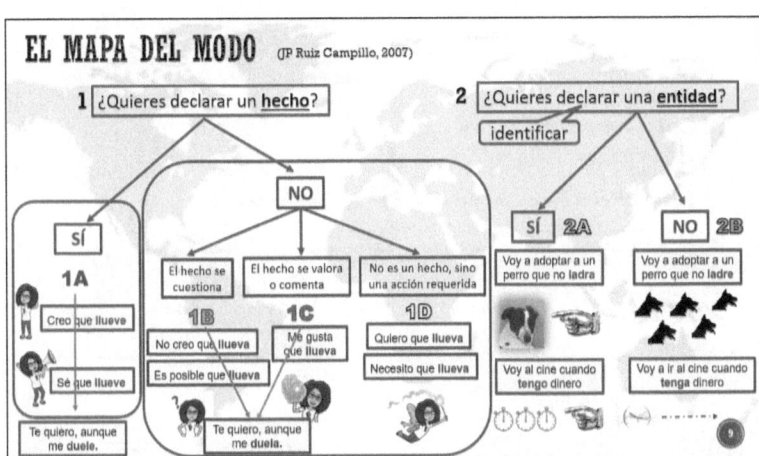

La cuarta y última presentación introduce los operadores: el 'si' condicional y los de conjetura o hipótesis[20]. Es importante explicar, de manera simplificada, la diferencia entre las matrices modales del mapa y los operadores, ya que estos últimos admiten los dos modos a pesar de que implican todos una no-declaración. Los operadores suelen ser adverbios o expresiones adverbiales que han evolucionado a la lexicalización y no admiten el tipo de reformulaciones propias de las matrices modales (p. ej. *Dice que sales temprano* vs. *Dice que salgas temprano*). Afortunadamente, son solo unos pocos en español, por lo que no debería presentar un obstáculo demasiado grande introducirlos como lo que son: operadores. Simplemente, los operadores de conjetura activan el indicativo cuando presentan una hipótesis fuerte y el subjuntivo cuando presentan una hipótesis débil. De esta forma, se presentan también mediante una elección binaria, sin más matices que puedan entorpecer el entendimiento cuando se

---

19. Matrices (no) veritativas, valorativas, intencionales y (no) identificativas.

20. Los operadores de conjetura incluyen: quizás, tal vez, a lo mejor, seguramente, posiblemente, probablemente, igual, de repente y capaz. Algunos de estos solo se utilizan en determinadas variedades del español.

Capítulo 5

introducen al estudiante por primera vez. En la Figura 4 se puede observar cómo se ejemplifica esta idea en la presentación.

Figura 4. Interpretación de los operadores de conjetura

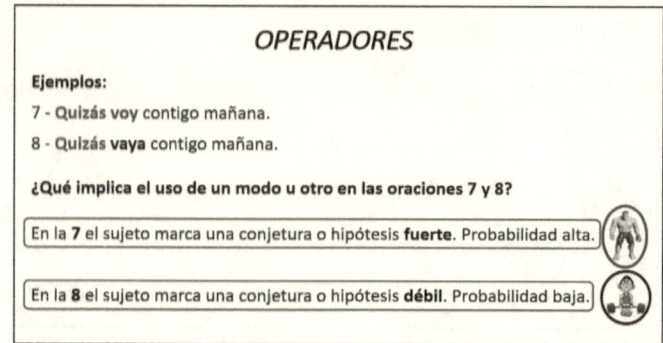

Al igual que los operadores de conjetura, las oraciones condicionales se explican mediante el mismo mecanismo, por lo que se introducen en la misma sesión. En la Figura 5, se puede observar la explicación de las diferentes oraciones según el uso de un modo u otro. Asimismo, si el nivel de los estudiantes lo permite, también se pueden incluir ejemplos con el pluscuamperfecto de subjuntivo, el cual describe situaciones contrafactuales.

Figura 5. Interpretación del 'si' condicional

```
                        OPERADORES
Ejemplos:
17 - Si cenamos pronto, podemos ir a la sesión de las 10.
18 - Si cenáramos pronto, podríamos ir a la sesión de las 10.
19 - Si hubiéramos cenado pronto, podríamos haber ido a la sesión de las 10.
¿Qué implica el uso de un modo (y aspecto) u otro en las oraciones 17, 18 y 19?
[En la 17 el sujeto marca una conjetura o hipótesis fuerte. Probabilidad alta.]
[En la 18 el sujeto marca una conjetura o hipótesis débil. Probabilidad baja.]
[En la 19 el sujeto marca una conjetura imposible (contrafactual).]
```

En resumen, se puede decir que las cuatro presentaciones descritas en este artículo tienen el objetivo de mostrar al estudiante de ELE[21] todos los casos en los que se usa el contraste modal español de la manera más simplificada posible y mediante un único mecanismo.

5. Conclusiones

El enfoque cognitivo-operativo mantiene que entender el porqué de la selección modal, mediante los conceptos de declaración y no-declaración, y tomando en consideración la perspectiva del hablante o sujeto más el hecho de que este puede proporcionar a las matrices un significado que puede no estar explícito en el significado léxico de sus componentes, es fundamental para que el aprendiente sea capaz de elegir entre los modos indicativos y subjuntivo del español con precisión.

Los resultados del primer estudio empírico demuestran que lo anterior es cierto en los niveles iniciales, donde se introduce por primera vez el modo subjuntivo. Sin embargo, sería necesario corroborar la efectividad de este método mediante otros estudios empíricos longitudinales realizados en los siguientes niveles de competencia, cuando se introduce la gran mayoría de las construcciones modales del español.

Referencias bibliográficas

Alonso, R., Castañeda, A., Martínez-Gila, P., Miquel. L., Ortega, J., & Ruiz Campillo, J. P. (2018). *Students' basic grammar of Spanish*. Difusión.

---

21. Es importante recordar que los estudiantes participantes en ambos estudios pertenecen a los primeros niveles de competencia (A2.2, B1 y B2.1) en donde se suele introducir el contraste modal, por lo que solo se les presentarían los casos más 'blanco y negro'. Los casos que puedan incluir matices pragmáticos más complejos se deberían dejar para los niveles más avanzados.

Ibarretxe-Antuñano, I., & Cadierno, T. (2019). La lingüística cognitiva y la adquisición de segundas lenguas (ASL). In I. Ibarretxe-Antuñano, T. Cadierno & A. Castañeda (Eds), *Lingüística cognitiva y español LE/L2* (pp. 19-51). Routledge. https://doi.org/10.4324/9781315622842-2

Llopis-García, R. (2009). *Gramática cognitiva e instrucción de procesamiento para la enseñanza de la selección modal. Un estudio con aprendientes alemanes de español como lengua extranjera.* Tesis doctoral, Universidad Antonio de Nebrija.

Llopis-García, R. (2019). Gramática cognitiva y selección modal en la enseñanza del español LE/L2. In I. Ibarretxe-Antuñano, T. Cadierno & A. Castañeda (Eds), *Lingüística cognitiva y español LE/L2* (pp. 255-273). Routledge. https://doi.org/10.4324/9781315622842-12

Llopis-García, R., Real Espinosa, J., & Ruiz Campillo, J. P. (2012). *Qué gramática enseñar, qué gramática aprender.* Edinumen.

Miquel, L. (2021). Webinario Difusión: *La nueva GBE: la gramática indispensable para tus clases.*

Pountain, C. (2017). The three Ls of modern foreign languages: language, linguistics, literature. *Hispanic Research Journal, 18*(3), 253-271. https://doi.org/10.1080/14682737.2017.1314096

Ruiz Campillo, J. P. (2004). El subjuntivo es lógico: una actividad de concienciación. *RedELE: Revista Electrónica de Didáctica ELE, 1,* 11-19.

Ruiz Campillo, J. P. (2007a). El concepto de no-declaración como valor del subjuntivo. Protocolo de instrucción operativa de la selección modal en español. *Actas del programa de formación para profesorado de ELE* (pp. 89-146). Instituto Cervantes de Múnich.

Ruiz Campillo, J. P. (2007b). Entrevista a José Plácido Ruiz Campillo: gramática cognitiva y ELE. *MarcoELE, 5.* https://marcoele.com/gramatica-cognitiva-y-ele/

Ruiz Campillo, J. P. (2008). El valor central del subjuntivo: ¿informatividad o declaratividad?. *MarcoELE, 7,* 1-44.

Ruiz Campillo, J. P. (2018). Seis reglas para una gramática operativa: un antídoto contra el caos. In F. Herrera & N. Sans (Eds), *Enseñar gramática en el aula de español: nuevas perspectivas y propuestas* (pp. 27-53). Difusión.

Solá Simón, E. (2020). Una aplicación empírica de la gramática cognitiva-operativa a la enseñanza del contraste modal en español (como lengua extranjera). *MarcoELE, 31,* 70-90.

3. Avances en diversidad

6 Creencias y actitudes lingüísticas de estudiantes universitarios de ELE en Reino Unido hacia las variedades dialectales del español europeo: ceceo, seseo y distinción

Mario Saborido Beltrán[1]

Resumen[2]

Este proyecto de investigación en curso tiene como objetivo principal analizar las creencias y las actitudes lingüísticas actuales de estudiantes universitarios de español como lengua extranjera (ELE) hacia las variedades dialectales del español europeo (el andaluz, el canario y la variedad centro-norte peninsular), además de fenómenos lingüísticos como el ceceo, el seseo y la distinción. Los objetivos específicos son: (1) analizar las creencias y actitudes lingüísticas hacia las variedades peninsulares, según criterios afectivos y cognitivos, estatus social y características personales; (2) examinar las creencias y actitudes lingüísticas hacia fenómenos fonéticos característicos del español, como el ceceo, el seseo y la distinción; y (3) estudiar las creencias y actitudes lingüísticas hacia la adecuación de diferentes formas de pronunciar para aprender español. En este artículo se explica el diseño y la metodología de

---

1. The University of Edinburgh, Edinburgh, United Kingdom; mario.saborido@ed.ac.uk; https://orcid.org/0000-0001-8089-1154

2. The main aim of this ongoing research project is to analyse present-day linguistic beliefs and attitudes of university students of Spanish as a foreign language about the dialectal varieties of European Spanish (Andalusian, Canarian and the central-northern peninsular variety), besides linguistic phenomena such as ceceo, seseo and distinción. The specific goals are: (1) to analyse linguistic beliefs and attitudes towards peninsular varieties based on affective and cognitive criteria, social status and personal characteristics; (2) examine linguistic beliefs and attitudes towards characteristic phonetic phenomena in Spanish such as ceceo, seseo and distinción; and (3) study linguistic beliefs and attitudes towards the suitability of different ways of speaking for learning Spanish. This article explains the design and the research methodology adopted, mainly developed by the Project for the study of beliefs and attitudes towards the varieties of Spanish in the 21st century (PRECAVES-XXI). Similarly, the data collection tools are presented, as well as an analysis of the first results, obtained in a pilot study. Finally, we conclude with a reflection on the impact that this research project can have on the teaching and learning of Spanish as a foreign language, both within the educational context of the United Kingdom and internationally.

Para citar este capítulo: Saborido Beltrán, M. (2022). Creencias y actitudes lingüísticas de estudiantes universitarios de ELE en Reino Unido hacia las variedades dialectales del español europeo: ceceo, seseo y distinción. En C. Soler Montes, R. Díaz-Bravo y V. Colomer i Domínguez (Eds), *Avances investigadores y pedagógicos sobre la enseñanza del español: aportes desde el contexto universitario británico* (pp. 109-128). Research-publishing.net. https://doi.org/10.14705/rpnet.2022.58.1402

investigación adoptada, desarrollada principalmente por el *Proyecto para el estudio de las creencias y actitudes hacia las variedades del español en el siglo XXI* (PRECAVES-XXI). Del mismo modo, se presentan las herramientas de recogida de datos, así como un análisis de los primeros resultados, obtenidos en un estudio piloto. Por último, concluimos con una reflexión sobre el impacto que puede llegar a tener este proyecto de investigación en la enseñanza y el aprendizaje de ELE, tanto dentro del contexto educativo del Reino Unido como a nivel internacional.

Palabras clave: actitudes lingüísticas, ceceo, seseo, distinción, PRECAVES-XXI.

1. Introducción

López Morales (1989) y Moreno-Fernández (1998) apuntan que la razón principal de la variación lingüística, sociolingüística y de la conducta humana está en las creencias y actitudes de los hablantes, que hacen valoraciones sobre determinadas lenguas, variedades y usos lingüísticos. El tipo de valoraciones que se hacen depende de la percepción social que tenemos de los hablantes, en donde influye claramente el prestigio de dichas lenguas, variedades y usos, siendo esas valoraciones más o menos positivas en función del prestigio de los hablantes y, como consecuencia, de la variedad que utilizan. En la actualidad no disponemos de datos claros sobre cuáles son las creencias y actitudes que han calado en la conciencia sociolingüística de los estudiantes de español, ya sea por la sociedad, los medios de comunicación, el profesorado o los materiales didácticos. Consideramos de imperiosa necesidad que el análisis de estas cuestiones se sitúe en el centro de los debates sobre sociolingüística y enseñanza y aprendizaje de español para fomentar el desarrollo de la conciencia crítica y la capacidad argumentativa mediante la reflexión e identificación de los límites de la competencia sociolingüística de los aprendientes y sus actitudes hacia la lengua y su diversidad (Hernández Muñoz, Muñoz-Basols y Soler Montes, 2021, p. 2).

2. Estudios recientes sobre creencias y actitudes lingüísticas

Las creencias y actitudes lingüísticas no es un tema de estudio priorizado en sociolingüística, de manera que no son abundantes los trabajos que se ocupan de las percepciones y creencias de colectivos o comunidades, de las actitudes que generan y de su influencia en la enseñanza y adquisición de lenguas segundas y extranjeras. Sin embargo, después de trabajos pioneros como el de Alvar (1986), se han llevado a cabo estudios como los que se presentan en este apartado, que han dado pasos importantes para avanzar en la descripción de las creencias y actitudes de los hablantes.

La mayoría de estas investigaciones son estudios actitudinales en las cuales se proporcionan cuestionarios a los participantes y se les preguntan cuestiones relacionadas con sus actitudes hacia la variedad que escuchan en una grabación. En el estudio de Cestero y Paredes (2015a, 2015b) se presentan resultados generales obtenidos a partir de los datos proporcionados en 110 cuestionarios de hablantes españoles nacidos en la zona central de la península ibérica. Los resultados más significativos indican que los encuestados identifican mejor su variedad (71,76 %) que la andaluza (61,81 %) y la canaria (48,83 %). Además, el 54 % piensa que el español de Castilla es el mejor español.

No obstante, la actitud general de los participantes hacia las otras variedades normativas del español[3] es positiva (3,32 sobre 6 puntos), aunque los aspectos cognitivos obtienen una valoración media negativa (2,86) y los afectivos, positiva (3,79). La variedad andaluza es la única que presenta valoraciones negativas de manera independiente, probablemente por sus características diferenciadas y divergentes, recibiendo la puntuación más baja en el componente cognitivo (2,51). Respecto al componente afectivo, las tres variedades europeas (castellana, andaluza y canaria) son las menos valoradas. En la valoración

---

3. Según Moreno-Fernández (2000, 2009), las ocho variedades principales del español son la castellana, andaluza, canaria, mexicano-centroamericana, caribeña, andina, chilena y rioplatense.

indirecta[4], los locutores castellanos obtienen mayores resultados (3,11), mientras que en el polo opuesto se encuentran los andaluces (2,40). Algo similar ocurre en la valoración indirecta atendiendo a la calificación concedida a la persona que habla y en relación con los rasgos socioculturales de los locutores.

Cestero y Paredes (2018a) coordinan y publican tres años más tarde un volumen monográfico sobre creencias y actitudes lingüísticas de jóvenes universitarios de diferentes áreas hispanohablantes hacia las variedades cultas del español (Cestero y Paredes, 2018b; González-Rátiva, Muñoz-Builes y Guzmán, 2018; Guerrero y San Martín, 2018; Gutiérrez y Borzi, 2018; Hernández y Samper, 2018; Manjón-Cabeza, 2018; Méndez, 2018; Santana, 2018b). En este trabajo conjunto se concluye lo siguiente: (1) el 60 % de los sujetos sostiene que hay un modelo prestigioso de español, aunque la opinión de que todas las variedades son iguales sube según aumenta la formación dialectal, excepto en estudiantes que realizan un máster de enseñanza de ELE, los cuales creen que hay sitios como Madrid en los que se habla mejor el español (52,2 %); (2) los hablantes indican que su variedad sirve como modelo de español, es decir, que es mejor que las demás. Los hablantes del centro-norte peninsular consideran como la mejor variedad casi de manera unánime al español castellano (90,6 %) y en el polo opuesto se encuentran los sevillanos (12,7 %), los granadinos (14,3 %) y los canarios (25,9 %); (3) los hablantes identifican y valoran su variedad de forma directa e indirecta. Las valoraciones más bajas corresponden a las escalas del componente cognitivo; (4) el castellano es reconocido en el 70 % de los casos, mientras que este porcentaje desciende en el andaluz y el canario al 36,9 % y 25 % respectivamente. Estas dos últimas variedades no son reconocidas casi nunca por los americanos; (5) en general, los jóvenes hispanohablantes valoran de forma positiva las variedades del español.

Santana (2018a, 2020) también estudia la percepción de estudiantes universitarios sevillanos, con y sin conocimientos especializados sobre la variación dialectal y social del español, hacia el andaluz, el canario y la variedad castellana. En estos trabajos se concluye que existen juicios

---

4. La valoración indirecta hace referencia a valoraciones de la variedad a través de percepciones y valoraciones sobre la persona, la región o el país y la cultura.

negativos sobre su propia modalidad de habla, en cuanto a la pronunciación y la asocian con un estatus social bajo. Algo similar ocurre en el pilotaje que se ha llevado a cabo en el apartado cuatro con estudiantes universitarios de español, poniéndose de manifiesto el cierto rechazo que existe hacia la variedad andaluza. Sin embargo, la valoración sobre los andaluces es más positiva. Algunos fenómenos dialectales como el seseo obtienen valoraciones positivas y negativas, lo cual puede ser un reflejo de los procesos de variación interna que se están produciendo en el habla de Sevilla, como el abandono progresivo del seseo a favor de la distinción *s/z* (Santana, 2016, 2016-2017, 2017), procedente de la norma norteña, considerada la forma de hablar más prestigiosa, clara y sus hablantes se relacionan con una posición social alta. Por último, se consolida la creencia sobre la dulzura del acento canario.

Sobre la enseñanza y adquisición de lenguas segundas y extranjeras, Beaven y Garrido (2000) analizan si los estudiantes de primer y segundo curso de la Open University tienen preferencias sobre la variedad que desean aprender y sus razones para ello. Además, descubren sus percepciones hacia las variedades, así como sus objetivos al querer aprender español. Los estudiantes de segundo consideran importante la capacidad de comunicarse, pero no tanto la variedad de aprendizaje porque para ellos todas son igual de válidas. Asimismo, están contentos con la introducción de diversas variedades, no solo del español centro-norte peninsular, y por dejarles seleccionar su modelo lingüístico. Sin embargo, algunos de primero prefieren la variedad castellana por su estatus ("porque es la variedad más prestigiosa", "la forma más pura", "la más utilizada", "la que se entiende en todas partes") y por motivos prácticos (residencia o viajes) (Beaven y Garrido, 2000, pp. 184-185).

Cobo (2011) también estudia las creencias y actitudes lingüísticas de estudiantes universitarios alemanes, las cuales influyen positiva y negativamente en su proceso de enseñanza-aprendizaje de la lengua extranjera. Consideramos que una práctica docente que fomente la diversidad lingüística y cultural puede modificar, o al menos parcialmente, estas últimas. Por ejemplo, mediante tareas didácticas cognitivas que se correspondan con la realidad pluricéntrica del español; presentando desde el principio distintas variedades en materiales audiovisuales, tanto para la comprensión auditiva como para la producción oral; e indicando diferencias gramaticales y léxicas (Beaven y Garrido, 2000, p. 185). En definitiva, pensamos que un tratamiento inclusivo de las variedades dialectales y los usos del español es clave para que los aprendientes puedan desarrollar habilidades de interpretación de la diversidad de la lengua y comunicarse con coherencia y adecuación (Fuertes Gutiérrez, Soler Montes y Klee, 2021, p. 105).

Por otro lado, desde el punto de vista del profesorado, hay estudios de gran relevancia que revelan la conciencia sociolingüística de los docentes nativos y no nativos de español, como el de Beaven (2000) y Bárkányi y Fuertes Gutiérrez (2019), dentro del contexto británico, y los de Andión (2009, 2013) y Ortiz-Jiménez (2019), desde una perspectiva más global. Todos ellos muestran problemas de ideología lingüística y una jerarquía social y dialectal liderada por la variedad centro-norte peninsular y actitudes negativas hacia otras variedades, que llevan a condicionar el modelo lingüístico que se lleve al aula y generar acciones pedagógicas censurables.

Podemos resaltar la opinión de un participante que señala que "el andaluz no es una variedad considerada como prestigiosa, ya que en algunas zonas se sesea y en otras se cecea" (Bárkányi y Fuertes Gutiérrez, 2019, p. 206), lo cual podría derivar en una falta de tratamiento de esta variedad concreta o la preferencia de una u otras variedades en clase y materiales didácticos. Un informante también se queja de los prejuicios que sufre la variedad andaluza frente a la castellana (Andión, 2009, p. 177), mientras que otro declara que "no se está aceptando usar la variedad andaluza en las academias, incluso en la universidad" (Andión, 2013, p. 174), poniendo de manifiesto que los prejuicios también influyen en autoridades académicas de alto nivel.

Ante esta situación, algunos trabajos como, por ejemplo, los realizados por el grupo de investigación «El español hablado en Andalucía» de la Universidad de Sevilla, la profesora Lola Pons (2022) en el ámbito periodístico, así como Cruz Ortiz (2020) y Del Rey Quesada y Méndez García de Paredes (2022) en la política y la traducción contribuyen de manera positiva a que el andaluz llegue a considerarse en todos los ámbitos, incluido el de la enseñanza y aprendizaje de ELE, como una modalidad del español más, legítima y despojada de los estereotipos y prejuicios que la han acompañado durante siglos.

3. Nuevos datos sobre creencias y actitudes lingüísticas en el contexto de aprendizaje de ELE

En los próximos apartados pretendemos hacer avanzar el estudio y el conocimiento sobre las creencias y actitudes lingüísticas de estudiantes universitarios no nativos de español en Reino Unido. Para ello, presentamos los objetivos de investigación, el diseño y la metodología de investigación adoptada, las herramientas de recogida de datos, una descripción de la muestra utilizada y, por último, los primeros resultados, obtenidos mediante un estudio piloto.

3.1. Objetivos de investigación

Los objetivos específicos del estudio son:

- analizar las creencias y actitudes lingüísticas hacia las variedades dialectales del español europeo, según criterios afectivos y cognitivos[5], estatus social y características personales;

- examinar las creencias y actitudes lingüísticas hacia fenómenos fonéticos característicos del español, como el ceceo, el seseo y la distinción;

- estudiar las creencias y actitudes lingüísticas hacia la adecuación de diferentes formas de pronunciar para aprender español.

3.2. Diseño y metodología de investigación

La metodología que se emplea en esta investigación es una adaptación de la creada en el PRECAVES-XXI (Cestero y Paredes, s. f., 2015a, 2015b, 2018a).

---

5. Los criterios afectivos son: agradable/desagradable, sencilla/complicada, cercana/distante, blanda/dura, divertida/aburrida y bonita/fea, y los cognitivos son áspera/suave, monótona/variada, rural/urbana, lenta/rápida y confusa/clara.

Para ello, disponemos de un total de seis grabaciones como muestras de habla de una duración de unos dos minutos cada una, en la que se habla sobre un tema controlado y neutral, como es el problema que ocasiona el tráfico en las grandes ciudades. Dichas grabaciones son necesarias para poder valorar las tres variedades mediante un cuestionario y una actividad reflexiva, que se utilizan como herramientas de recogida de datos.

Los hablantes de los audios han sido grabados por separado. Estos son hombres y mujeres[6] de entre 34 y 54 años y su nivel de estudios es superior, ya que el objetivo es que todos los hablantes representen la lengua culta. Contamos con una grabación de un hombre y otra de una mujer ceceantes de la provincia de Cádiz para representar la variedad andaluza. También utilizamos un audio de un hombre y otro de una mujer seseantes de las islas Canarias correspondientes a la variedad canaria. Y, por último, una grabación de un hombre y otra de una mujer distinguidores de Madrid para analizar la variedad centro-norte peninsular.

3.3. Herramientas de recogida de datos y descripción de la muestra utilizada

Las herramientas de recogida de datos que se utilizan en este estudio son un cuestionario sociolingüístico en línea y una actividad de reflexión administrada a través de un foro de discusión. Dichos instrumentos han sido creados en el campus virtual de la Universidad de Edimburgo, que se gestiona mediante el entorno virtual de aprendizaje Blackboard, muy extendido en el contexto universitario. Las dos herramientas se han publicado en la unidad 2 del curso troncal de tercer año en línea *Year Abroad online language learning*, en el que se estudian contenidos sobre sociolingüística y dialectología, durante el año académico 2021/2022.

El cuestionario y la actividad reflexiva con grabaciones de hombres o mujeres han sido completados por 82 estudiantes con un nivel C1 de español que cursan su tercer año del grado en Estudios Hispánicos en la Universidad de Edimburgo.

---

6. Esta división se ha hecho con el fin de controlar que el timbre de la voz evaluada no interfiera en las valoraciones, y ver si hay diferencias significativas en las opiniones según el sexo de las personas grabadas.

Al igual que en Moreno-Fernández (2018, p. 41), el grupo de estudiantes está compuesto por anglohablantes principalmente para trabajar con un perfil idiomático relativamente homogéneo y que la diversidad de orígenes culturales y lingüísticos no imposibilite el análisis. Los datos son cuantificados por la plataforma con la que se trabaja, a excepción de los que se recogen mediante preguntas de respuesta abierta en la actividad de foro al requerir un análisis de naturaleza cualitativa.

Con respecto a la estructura del cuestionario y de la actividad reflexiva, los informantes deben aceptar formar parte de esta investigación primero, reduciéndose su compromiso únicamente a realizar un cuestionario y participar en una actividad en un foro de grupo. Seguidamente, rellenar el apartado de datos personales del cuestionario, indicando si están estudiando en algún país hispanohablante o no durante su año en el extranjero[7]. También tienen que señalar dónde están estudiando este año académico, así como el número de países hispanohablantes visitados hasta la fecha. Posteriormente, tienen que oír uno a uno cada audio y evaluarlos hasta completar el cuestionario.

Las preguntas sobre los audios son directas e indirectas, la gran mayoría cerradas, aunque también hay algunas abiertas que se han sometido a codificación. Estas preguntas están divididas en dos partes, siendo un total de veinte preguntas idénticas por audio. En la primera parte, se realiza una valoración directa de las variedades. Esta parte está formada por doce preguntas, en las que se valoran aspectos sobre la pronunciación de la persona que se escucha (agradable/desagradable, áspera/suave, monótona/variada, sencilla/complicada, cercana/distante, blanda/dura, rural/urbana, lenta/rápida, divertida/aburrida, confusa/clara, bonita/fea)[8], así como la proximidad entre la pronunciación del informante y la de la persona grabada.

---

7. El alumnado pasa un año completo, un semestre o un verano en un país hispanohablante dependiendo de si su grado contiene una o dos lenguas extranjeras.

8. En muchas cuestiones se sigue la técnica de pares falsos, presentándose las opciones con adjetivos antónimos dispuestos en torno a una escala de diferencial semántico en una gradación que va del 1 al 6 para que el participante se decida hacia el lado positivo o negativo sobre la variedad. Además, para prevenir respuestas mecánicas, se han combinado las características y se ha cambiado la organización de colocación en los polos de los rasgos positivos y negativos.

Capítulo 6

En la segunda parte del cuestionario, se hace una valoración de la variedad a través de percepciones y valoraciones sobre la persona. Esta parte está compuesta por ocho preguntas, en las cuales se pide información sobre el puesto de trabajo (poco cualificado, bien cualificado, altamente cualificado), el nivel de ingresos (bajo, medio, alto) y el nivel de estudios (sin estudios, primarios, secundarios, universitarios) que creen que tiene la persona grabada. Asimismo, los participantes deben dar su opinión sobre la persona que habla (inteligente/ poco inteligente, simpática/antipática, cercana/distante, culta/inculta, educada/ maleducada).

Una vez terminado el cuestionario, los informantes acceden al foro de discusión asignado para completar la actividad de reflexión. En ella primero tienen que dar su opinión sobre dónde creen que se habla mejor el español y por qué. Seguidamente, vuelven a escuchar los tres audios del cuestionario anterior y contestan una serie de preguntas[9], intentando no repetir opiniones e ideas que ya hayan escrito sus compañeros. Además, han de responder al menos a un mensaje de sus compañeros para continuar la conversación sobre este tema.

4. Pilotaje del estudio empírico: primeros resultados

Para este proyecto de investigación en curso se ha llevado a cabo un estudio piloto con siete estudiantes de un curso optativo de cuarto año del grado en Estudios Hispánicos, *Bilingualism and Language Contact in the Spanish-speaking World*, que se ajustan a los perfiles de los participantes de tercero. Tres alumnos no han terminado de completar el cuestionario y otros diez han decidido no participar, probablemente por su excesiva longitud. De manera que, a partir de estos datos, se ha reducido considerablemente el cuestionario y se ha decidido crear una actividad de reflexión a través de un foro de discusión

---

9. En dichas preguntas deben: a. señalar un aspecto de la pronunciación que les haya gustado y disgustado especialmente de cada hablante; b. dar su opinión sobre el ceceo, el seseo y la distinción en función de la forma de pronunciar de los hablantes grabados; c. comentar si la forma de pronunciar de las personas que han escuchado les parece adecuada para aprender español; d. indicar de qué país o región creen que son esas mismas personas y, si conocen a personas de ese país o región, expresar su opinión sobre ellas; y e. manifestar su opinión acerca del país o la zona de la que creen que son los hablantes de las grabaciones, así como sobre la cultura de ese país o zona.

para agilizar este proceso a los alumnos de tercero y seguir sacándole el máximo partido posible al proyecto, tal como se ha explicado en el apartado anterior.

En el cuestionario del pilotaje se incluyeron preguntas sobre datos personales y sociogeográficos que finalmente no se consideraron necesarios para dar respuesta a nuestras preguntas de investigación. Además, había preguntas de respuesta abierta que al final se han planteado en formato foro, con el objetivo de que el alumnado pueda reflexionar, conversar sobre el tema principal del estudio y podamos extraer unas conclusiones más precisas y comparables.

Los informantes han escuchado uno a uno los tres audios de las mujeres grabadas y después han dado su opinión completando el cuestionario usado para el pilotaje. La variedad castellana, especialmente, y el andaluz, han sido las variedades mejor reconocidas por el alumnado, aunque en ocasiones no han sido del todo específicos enmarcándolas dentro del español de España. Por el contrario, han tendido a confundir la variedad canaria con el español de América.

Figura 1. Valoración directa: el componente afectivo (N=7)

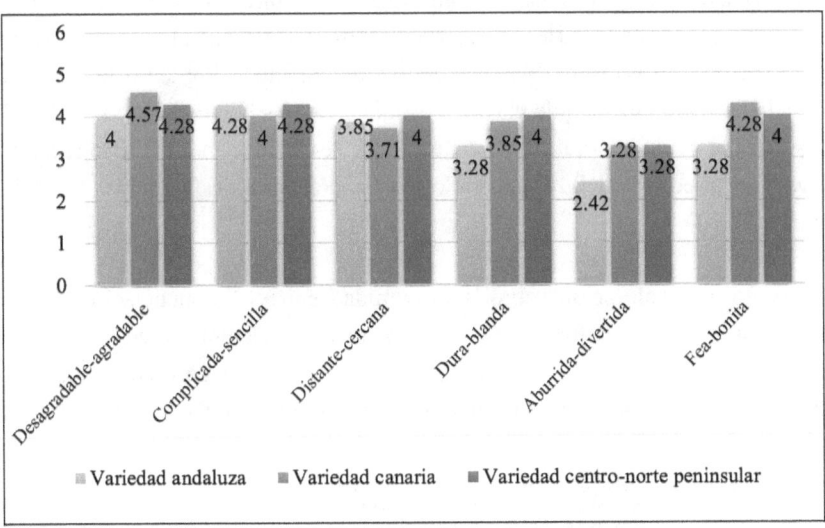

Figura 2. Valoración directa: el componente cognitivo (N=7)

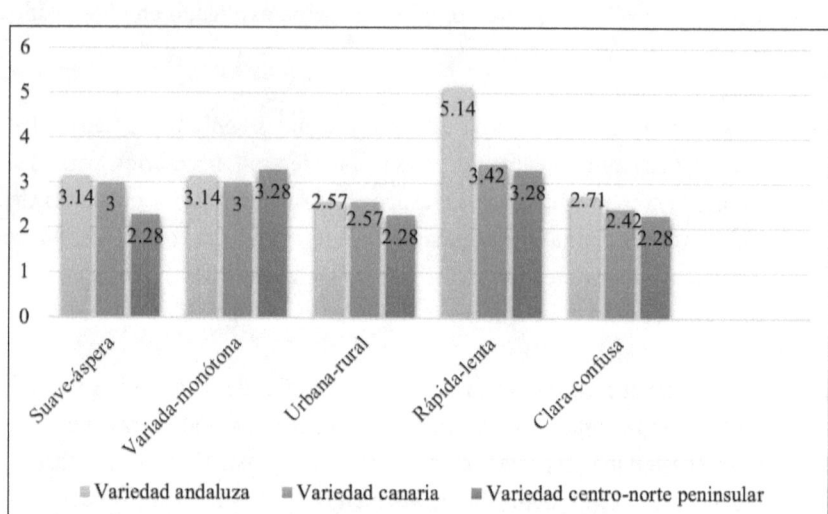

Como se presenta en la Figura 1 y Figura 2, los estudiantes de español tienen una actitud bastante positiva sobre la pronunciación de las personas que han escuchado en las grabaciones. Sin embargo, es cierto que los resultados sobre la variedad andaluza, representada por un hablante ceceante, son ligeramente menos positivos que los de la variedad canaria y centro-norte peninsular, posiblemente por el ceceo u otros rasgos diferenciadores y divergentes[10]. Por tanto, la variedad castellana sigue gozando de mayor prestigio y estatus lingüísticos y sociales al resultar notoria la jerarquización dialectal que se establece por el cierto rechazo hacia la variedad andaluza, generado por las creencias desfavorables hacia la misma.

Respecto a la valoración sobre la proximidad entre la pronunciación de las locutoras y la de los informantes, podemos observar claramente en la Figura 3 que, según el alumnado, la pronunciación del hablante del centro-norte de España es la más parecida a la suya. Esto puede que se deba a que estén más

---
10. En los siguientes pasos del proyecto, pretendemos sacar unas conclusiones claras sobre las actitudes hacia el ceceo, el seseo y la distinción, es decir, si las distintas valoraciones de los participantes se basan de alguna manera en estos tres fenómenos fonéticos u otros rasgos que también podrían influir.

expuestos a ese modelo de lengua que a otros en la universidad y también por los materiales didácticos. Además, es probable que hayan decidido seleccionar esa variedad por razones de prestigio lingüístico o simplemente porque tienen preferencia sobre ella.

Figura 3. Grado de identidad con las variedades (totalmente diferente-totalmente idéntica, N=7)

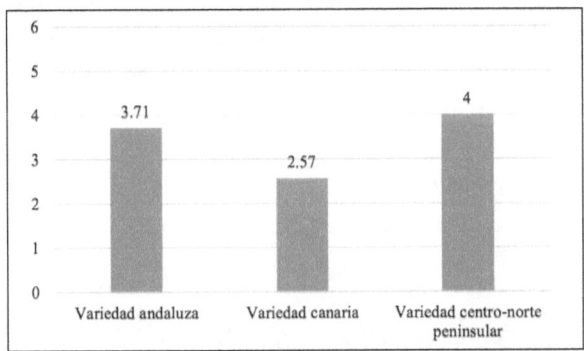

Figura 4. Valoración indirecta: el estatus social (N=7)

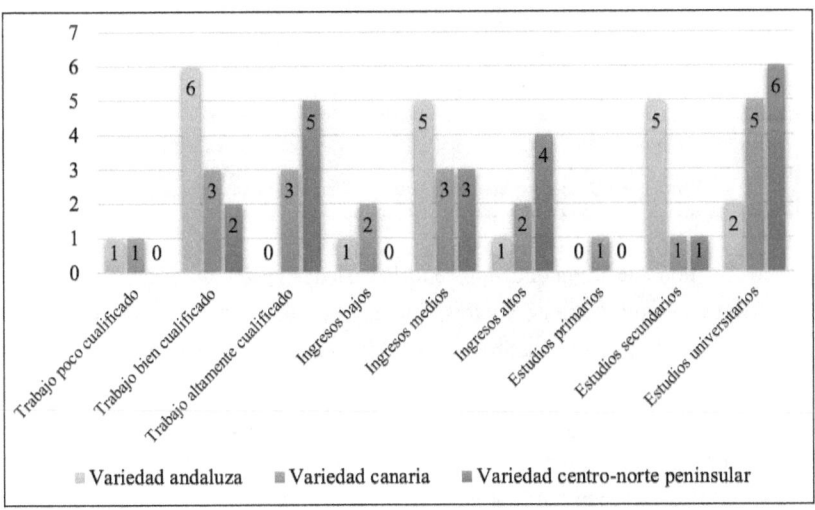

Capítulo 6

Como podemos ver en la Figura 4, los participantes también han valorado las variedades a través de percepciones y valoraciones sobre las personas. Ya se ha comentado que las valoraciones sobre las variedades son más o menos positivas según la percepción social que tenemos de sus hablantes. En este estudio la mujer ceceante es generalmente evaluada como una persona con un puesto de trabajo bien cualificado, un nivel de ingresos medio y estudios secundarios, lo que nos hace pensar que asocian su andaluz con un estatus social medio. Por el contrario, los resultados sobre la mujer seseante de Canarias y la mujer distinguidora del centro-norte peninsular tienden a ser más positivos de nuevo, considerándose que tienen un trabajo muy cualificado, ingresos más bien altos y estudios universitarios.

Figura 5. Valoración indirecta: las características personales (N=7)

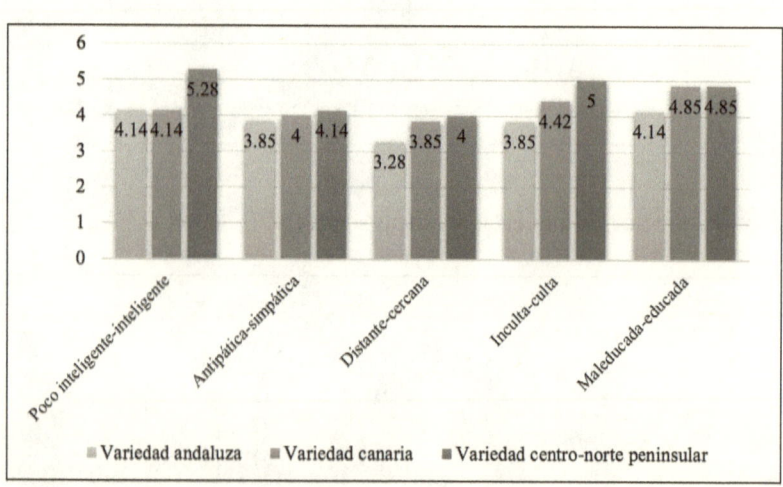

Del mismo modo, la mujer que representa la variedad castellana es evaluada como la más inteligente y culta de las tres, aunque bien es verdad que los resultados que han obtenido todas se inclinan hacia el lado positivo (ver Figura 5).

En cuanto a la opinión que tienen sobre el país o la zona de la que creen que son las personas grabadas, podemos concluir que para estos estudiantes España es un país divertido, más bien familiar y bonito (ver Figura 6).

Figura 6. Valoración indirecta: la región (N=7)

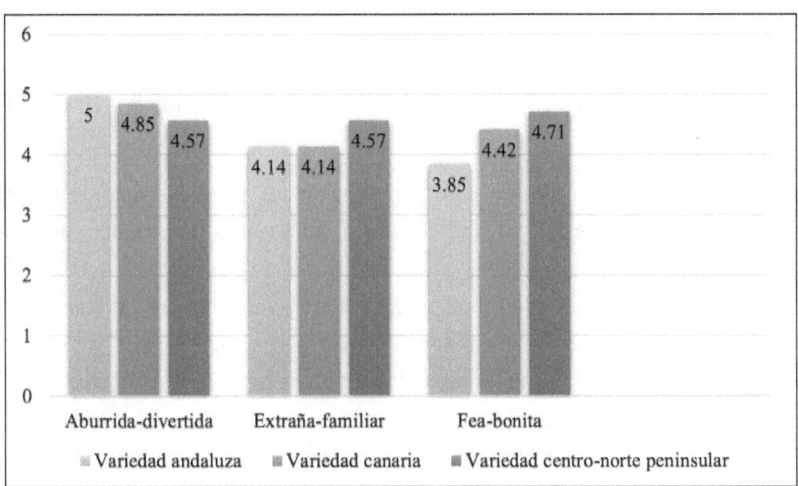

Figura 7. Valoración indirecta: la cultura (N=7)

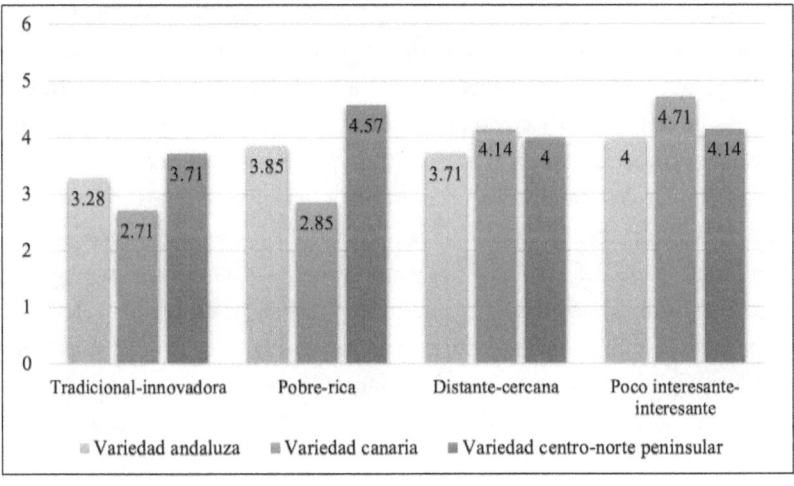

Por último, pese a que asocian el español de España a una cultura cercana e interesante, consideran que la zona septentrional se encuentra en una posición superior a la meridional en términos de innovación cultural. En cambio, las culturas meridionales quizás se relacionan más con el mantenimiento de tradiciones y costumbres (ver Figura 7).

5. Conclusiones

A modo de conclusión, nuestros primeros resultados ponen de manifiesto que las valoraciones sobre la variedad canaria y centro-norte peninsular son más positivas que las de la variedad andaluza. Por tanto, resulta imprescindible que el profesorado y las editoriales de ELE traten por igual las variedades del español, es decir, sin imponerse ninguna para que los estudiantes sean cada vez más conscientes de la realidad pluricéntrica, plurinormativa, superdiversa, pero a la vez global, del español (Fuertes Gutiérrez et al., 2021, p. 108). Necesitamos una mayor implicación en la protección e inclusión pedagógica de la diversidad lingüística hispana, en lugar de la existencia de una jerarquía lingüística entre las variedades de la lengua española. Además, es fundamental la creación e implementación de materiales sociolingüísticos digitales más allá del modelo de lengua del docente o del libro de texto, que permitan acceder a estos conocimientos para poder impartirlos (véase Díaz-Bravo, Acid Carrillo, & Fernández-Luna, 2020); y, por último, la evaluación de la competencia sociolingüística en términos de adecuación y como parte de un currículum descolonizado, diverso e inclusivo (Fuertes Gutiérrez et al., 2021, p. 111; Hernández Muñoz et al., 2021, p. 1). De lo contrario, si el profesorado no percibe una variedad o uso lingüístico como prestigioso, este no recibirá el tratamiento que merece en clase al no formar parte del currículum ni tampoco de los materiales didácticos. Por tanto, el estudio de las creencias y actitudes lingüísticas es de gran relevancia, ya que pueden influir en el modelo de lengua que se lleve al aula, e incluso en el aprendizaje y la capacidad de comunicación de los estudiantes.

6. Agradecimientos

Mi más sincero agradecimiento al Ministerio de Cultura y Deporte de España por haber financiado esta investigación a través del programa HISPANEX para la promoción exterior de la lengua y cultura españolas.

Referencias bibliográficas

Alvar, M. (1986). *Hombre, etnia, estado. Actitudes lingüísticas en Hispanoamérica.* Gredos.

Andión, M. A. (2009). La variedad del profesor frente al modelo de enseñanza: convergencias, divergencias y actitudes. In *Actas del XIX Congreso Internacional de ASELE, 1* (pp. 167-183). Universidad de Extremadura.

Andión, M. A. (2013). Los profesores de español segunda/lengua extranjera y las variedades: identidad dialectal, actitudes y prácticas docentes. *Revista signos, 46*(82), 155-189. https://doi.org/10.4067/S0718-09342013000200001

Bárkányi, Z., & Fuertes Gutiérrez, M. (2019). Dialectal variation and Spanish language teaching (SLT): perspectives from the United Kingdom. *Journal of Spanish Language Teaching, 6*(2), 199-216. https://doi.org/10.1080/23247797.2019.1676980

Beaven, T. (2000). ¡Pero si no se dice así!: un estudio de las actitudes de los profesores de ELE hacia la enseñanza del español como lengua mundial. In M. Franco, C. Soler, J. de Cos, M. Rivas & F. Ruiz (Eds), *Nuevas perspectivas en la enseñanza del español como lengua extranjera: Actas del X Congreso Internacional de ASELE* (pp. 115-122). Universidad de Cádiz.

Beaven, T., & Garrido, C. (2000). El español tuyo, el mío, el de aquél... ¿Cuál para nuestros estudiantes?. In M. A. Martín & C. Díez (Eds), *¿Qué español enseñar?: norma y variación lingüísticas en la enseñanza del español a extranjeros. Actas del XI Congreso Internacional ASELE* (pp. 181-190). Universidad de Zaragoza.

Cestero, A. M., & Paredes, F. (s. f.). *Metodología PRECAVES XXI: proyecto para el estudio de creencias y actitudes hacia las variedades del español en el siglo XXI.* http://www.variedadesdelespanol.es

Cestero, A. M., & Paredes, F. (2015a). Creencias y actitudes hacia las variedades del español en el siglo XXI: avance de un proyecto de investigación. In D. da Hora, J. Lopes, R. Pedrosa & R. M. Lucena (Eds), *ALFAL 50 anos: contribuições para os estudos linguísticos e filológicos* (pp. 652-683). Ideia.

Capítulo 6

Cestero, A. M., & Paredes, F. (2015b). Creencias y actitudes hacia las variedades normativas del español actual: primeros resultados del proyecto PRECAVES-XXI. *Spanish in context, 12*(2), 255-279. https://doi.org/10.1075/sic.12.2.04ces

Cestero, A. M., & Paredes, F. (2018a). Creencias y actitudes hacia las variedades cultas del español actual: el proyecto PRECAVES-XXI. *Percepción de las variedades cultas del español: creencias y actitudes de jóvenes universitarios hispanohablantes. Monográfico Boletín de Filología de la Universidad de Chile, 53*(2), 11-43. https://doi.org/10.4067/S0718-93032018000200011

Cestero, A. M., & Paredes, F. (2018b). Creencias y actitudes de los jóvenes universitarios del centro-norte de España hacia las variedades cultas del español. *Percepción de las variedades cultas del español: creencias y actitudes de jóvenes universitarios hispanohablantes. Monográfico Boletín de Filología de la Universidad de Chile, 53*(2), 45-86. https://doi.org/10.4067/S0718-93032018000200045

Cobo, N. (2011). *Creencias y actitudes sociolingüísticas en la clase universitaria de E/LE en Alemania*. Tesis de doctorado. Universidad Antonio de Nebrija.

Cruz Ortiz, R. (2020). Seseo, ceceo y distinción de /s/ y /θ/: el caso de los políticos andaluces en Madrid. *Nueva Revista de Filología Hispánica (NRFH), 68*(1), 137-174. https://doi.org/10.24201/nrfh.v68i1.3585

Del Rey Quesada, S., & Méndez García de Paredes, E. (2022). Traducción y normalización lingüística o el triunfo de la divergencia a la fuerza: el caso de *Le petit prince* andaluz. *Nueva Revista de Filología Hispánica, 70*(1), 53-94. https://doi.org/10.24201/nrfh.v70i1.3784

Díaz-Bravo, R., Acid Carrillo, S., & Fernández-Luna, J. M. (2020). Lengua y tecnología: una plataforma colaborativa para la enseñanza-aprendizaje de variedades del español. In I. Aznar Díaz, Mª P. Cáceres Reche, J. Mª Romero Rodríguez & J. A. Marín Marín (Eds), *Investigación e innovación educativa: tendencias y retos* (pp. 771-784). Dykinson.

Fuertes Gutiérrez, M., Soler Montes, C., & Klee, C. A. (2021). Sociolingüística aplicada a la enseñanza del español. *Journal of Spanish Language Teaching, 8*(2), 105-113.

González-Rátiva, M. C., Muñoz-Builes, D. M., & Guzmán, M. F. (2018). Creencias y actitudes lingüísticas de los jóvenes universitarios antioqueños hacia las variedades normativas del español. *Percepción de las variedades cultas del español: creencias y actitudes de jóvenes universitarios hispanohablantes. Monográfico Boletín de Filología de la Universidad de Chile, 53*(2), 209-235. https://doi.org/10.4067/S0718-93032018000200209

Guerrero, S., & San Martín, A. (2018). Creencias y actitudes de los jóvenes universitarios chilenos hacia las variedades cultas del español. *Percepción de las variedades cultas del español: creencias y actitudes de jóvenes universitarios hispanohablantes. Monográfico Boletín de Filología de la Universidad de Chile, 53*(2), 237-262. https://doi.org/10.4067/S0718-93032018000200237

Gutiérrez, S., & Borzi, C. (2018). Creencias y actitudes de los jóvenes universitarios rioplatenses hacia las variedades cultas del español. *Percepción de las variedades cultas del español: creencias y actitudes de jóvenes universitarios hispanohablantes. Monográfico Boletín de Filología de la Universidad de Chile, 53*(2), 263-292. https://doi.org/10.4067/S0718-93032018000200263

Hernández, C. E., & Samper, M. (2018). Creencias y actitudes de los jóvenes universitarios canarios hacia las variedades cultas del español. *Percepción de las variedades cultas del español: creencias y actitudes de jóvenes universitarios hispanohablantes. Monográfico Boletín de Filología de la Universidad de Chile, 53*(2), 179-208. https://doi.org/10.4067/S0718-93032018000200179

Hernández Muñoz, N., Muñoz-Basols, J., & Soler Montes, C. (2021). *La diversidad del español y su enseñanza*. Routledge. https://doi.org/10.4324/9781003128168

López Morales, H. (1989). *Sociolingüística*. Gredos.

Manjón-Cabeza, A. (2018). Creencias y actitudes de los jóvenes universitarios granadinos hacia las variedades cultas del español. *Percepción de las variedades cultas del español: creencias y actitudes de jóvenes universitarios hispanohablantes. Monográfico Boletín de Filología de la Universidad de Chile, 53*(2), 145-177. https://doi.org/10.4067/S0718-93032018000200145

Méndez, B. (2018). Creencias y actitudes de los jóvenes universitarios mallorquines hacia las variedades cultas del español. *Percepción de las variedades cultas del español: creencias y actitudes de jóvenes universitarios hispanohablantes. Monográfico Boletín de Filología de la Universidad de Chile, 53*(2), 87-114. https://doi.org/10.4067/S0718-93032018000200087

Moreno-Fernández, F. (1998). *Principios de sociolingüística y sociología del lenguaje*. Ariel.

Moreno-Fernández, F. (2000). *Qué español enseñar*. Arco/Libros.

Moreno-Fernández, F. (2009). *La lengua española en su geografía*. Arco/Libros.

Moreno-Fernández, F. (2018). Variedades del español y evaluación. Opiniones lingüísticas de los anglohablantes. *Glosas, 5*(9), 34-60.

Ortiz-Jiménez, M. (2019). Actitudes lingüísticas de los profesores de español en España y Australia hacia las variedades dialectales. *Journal of Spanish Language Teaching, 6*(2), 182-198. https://doi.org/10.1080/23247797.2019.1668634

Pons, L. (2022, February 28). El acento andaluz. Orgullo y prejuicio. *El País*. https://elpais.com/opinion/2022-02-28/el-acento-andaluz-orgullo-y-prejuicio.html

Santana, J. (2016). Seseo, ceceo y distinción en el sociolecto alto de la ciudad de Sevilla: nuevos datos a partir de los materiales de PRESEEA. *Boletín de Filología de la Universidad de Chile, 51*(2), 255-280. https://doi.org/10.4067/S0718-93032016000200010

Santana, J. (2016-2017). Factores externos e internos influyentes en la variación de /θˢ/ en la ciudad de Sevilla. *Analecta Malacitana, 39*, 143-177.

Santana, J. (2017). Variación de las realizaciones de /θˢ/ en el sociolecto bajo de la ciudad de Sevilla: datos de PRESEEA-SE. *Linred: lingüística en la Red, 15*, 1-17.

Santana, J. (2018a). Creencias y actitudes de jóvenes universitarios sevillanos hacia las variedades normativas del español de España: andaluza, canaria y castellana. *Pragmática Sociocultural / Sociocultural Pragmatics, 6*(1), 71-97.

Santana, J. (2018b). Creencias y actitudes de los jóvenes universitarios sevillanos hacia las variedades cultas del español. *Percepción de las variedades cultas del español: creencias y actitudes de jóvenes universitarios hispanohablantes. Monográfico Boletín de Filología de la Universidad de Chile, 53*(2), 115-144. https://doi.org/10.4067/S0718-93032018000200115

Santana, J. (2020). Percepción de las variedades andaluza y castellana de los jóvenes sevillanos: un análisis contrastivo.*Onomázein. Revista de lingüística, filología y traducción, 50*, 71-89.

7. Educación sostenible: respondiendo a la diversidad dentro y fuera del aula de español

Marián Arribas-Tomé[1]

Resumen[2]

Para abordar los desafíos en la enseñanza del español y otros idiomas en el Reino Unido, sostenemos que es muy importante que los profesores aspiren a desarrollar recursos educativos de acceso abierto. Crear nuestros propios materiales y compartirlos con otros profesores facilitaría una respuesta ágil, colaborativa y solidaria a las necesidades del aula. También haría posible que hubiera una mayor cantidad y variedad de materiales destinados a promover el aprendizaje y la reflexión sobre la sostenibilidad y la descolonización en el contexto de la enseñanza de lenguas. Estas son premisas derivadas de la experiencia trabajando con estudiantes de español en una universidad del Reino Unido, un reto que implica una oportunidad de aprender desde y sobre la diversidad y darle respuesta. Las pedagogías antirracistas que apoyan la diversidad

1. University of East Anglia, Norwich, United Kingdom; m.arribas-tome@uea.ac.uk; https://orcid.org/0000-0003-1838-0315

2. To address the challenges in teaching Spanish and other languages in the UK, we argue that it is very important for teachers to aim to develop open access educational resources. Creating our own materials and sharing them with other teachers would facilitate an agile, collaborative and supportive response to classroom needs. It would also enable a greater quantity and variety of materials to promote learning and reflection on sustainability and decolonisation in the context of language teaching. These are premises derived from the experience of working with Spanish language students in a UK university, a challenge that implies an opportunity to learn from and respond to diversity. Anti-racist pedagogies that support diversity require an inclusive, creative and adaptive approach and a wide range of regularly updated material. Language teaching contexts must be able to nimbly capture everyday social, political, scientific and environmental debates and developments beyond the conventional boundaries often set by the textbooks in use. Language teachers can be vectors of transformation by enabling better representation of particular communities and their often barely visible problems. With the right tools, such teaching that values sustainability and decolonisation can go beyond our classrooms. Spanish Bytes, an open digital platform with a flexible and inclusive agenda, created by the author of this work, is proposed as a suitable space for the development of content that responds in a timely manner to diversity in the classroom and in the Spanish-speaking world. In order to illustrate its usefulness and relevance, some examples of content redesign are presented, derived from reflections and readings that explore diversity in its multiple dimensions, with resources in which decolonisation, sustainability and student contributions are important dimensions of the work. We will use these examples as a basis for outlining language teaching that can truly be considered sustainable.

Para citar este capítulo: Arribas-Tomé, M. (2022). Educación sostenible: respondiendo a la diversidad dentro y fuera del aula de español. En C. Soler Montes, R. Díaz-Bravo y V. Colomer i Domínguez (Eds), *Avances investigadores y pedagógicos sobre la enseñanza del español: aportes desde el contexto universitario británico* (pp. 129-153). Research-publishing.net. https://doi.org/10.14705/rpnet.2022.58.1403

Capítulo 7

requieren un enfoque inclusivo, creativo y adaptativo y una amplia colección de material actualizado periódicamente. Los contextos de enseñanza de idiomas deben poder captar ágilmente los debates y los acontecimientos sociales, políticos, científicos y ambientales del día a día más allá de los límites convencionales, a menudo establecidos por los libros de texto que se utilizan. Los profesores de idiomas podemos ser vectores de transformación haciendo posible una mejor representación de determinadas comunidades y de sus problemas, normalmente apenas visibles. Con instrumentos adecuados, esa enseñanza que valora la sostenibilidad y la descolonización puede ir más allá de nuestras aulas. Spanish Bytes, una plataforma digital abierta con una agenda flexible e inclusiva, creada por la autora de este trabajo, se propone como un espacio adecuado para el desarrollo de contenidos que respondan de forma oportuna a la diversidad en el aula y en el mundo hispanohablante. Con el fin de ilustrar su utilidad y relevancia, se presentan algunos ejemplos de rediseño de contenidos, derivados de reflexiones y lecturas que exploran la diversidad en sus múltiples dimensiones, con recursos en los que la descolonización, la sostenibilidad y las contribuciones de los estudiantes son dimensiones importantes del trabajo. Usaremos estos ejemplos como base para perfilar una enseñanza de lenguas que pueda verdaderamente considerarse sostenible.

Palabras clave: sostenibilidad, inclusión, diversidad, descolonización, colaboración.

1. Introducción

Este trabajo presenta un estudio de caso construido con un enfoque autoetnográfico. Incluye referencias a algunas intervenciones docentes diseñadas desde una perspectiva orientada a responder a la diversidad en el aula y a visibilizarla fuera de ella, en el contexto de la enseñanza del español como lengua extranjera en la Universidad de East Anglia, en el Reino Unido.

Este caso se presenta como un ejemplo de lo que puede entenderse en la práctica por "educación sostenible" en el contexto de la enseñanza de lenguas. Se inserta dentro del debate existente acerca de cómo la educación superior puede contribuir a la sostenibilidad e inducir competencias relacionadas con la sostenibilidad (Sánchez-Carrillo, Cadarso y Tobarra, 2021). También responde a una llamada de atención: la educación para el desarrollo sostenible se ha centrado desproporcionadamente en dos esferas de interés, la económica y la medioambiental, quedando relegada a un segundo plano la esfera sociocultural de la sostenibilidad, lo cual genera un desequilibrio que hay que resolver (Zygmunt, 2016). Asimismo, este caso representa una contribución valiosa para los estudios que se ocupan de las diversas formas en que se escriben materiales de aprendizaje de idiomas (Tomlinson y Masuhara, 2011).

Por todo ello, parece necesario explorar el concepto "sostenible" en relación con la enseñanza de lenguas. Perfilaremos este concepto como el resultado de una evolución personal dentro de una práctica docente concreta. Hay trabajos (University of Duisburg-Essen, 2020, p. 10) que señalan que "cada institución debe determinar su propia definición de sostenibilidad de acuerdo con su situación específica, teniendo en cuenta su ubicación geográfica, su constitución social y su orientación científica"[3]. Sin embargo, proponemos que si no existe tal definición institucional, no está clara o no se comparte en su totalidad, es posible trabajar con una definición provisional y personal que emerja de la intersección de la práctica con la teoría, como es el caso en este trabajo, inspirado en Vogt et al. (2018, pp. 16-17). Esta evolución es el resultado del proceso de reflexión de una profesora de español que, tras enfrentarse a diferentes desafíos en su contexto de enseñanza, decide iniciar la creación de materiales propios publicados en la red y de acceso abierto (Spanish Bytes). Este proceso, que, al inicio, busca resolver retos relacionados con la gestión del aula, genera una toma de conciencia sobre el papel que los profesores y profesoras de lenguas pueden tener en la construcción de sociedades más sostenibles, antirracistas y comprometidas con procesos de descolonización. Esa toma de conciencia se verá reflejada en los materiales producidos.

---

3. Traducción de la autora.

2. La autoetnografía y el estudio de caso como métodos

El método de trabajo para la elaboración de este texto parte de material de carácter reflexivo autoetnográfico y se construye como un estudio de caso. De acuerdo con la literatura académica (Rebolj, 2013), los estudios de caso "se han utilizado ampliamente en las ciencias sociales y son especialmente valiosos en campos orientados a la práctica (como la educación)" (p. 29). Los enfoques fenomenológicos y constructivistas característicos del estudio de caso se adaptan a la naturaleza cualitativa del trabajo aquí presentado.

La autoetnografía ha "sido utilizada en las aulas de idiomas para conocer la identidad, el auto concepto y la motivación de los futuros docentes (Kumazawa, 2013; Macalister, 2012; Ruohotie-Lyhty, 2013)", tal y como refiere Méndez (2013, p. 280). En este caso, y a partir de los 'diarios reflexivos' (Moon, 2004) generados por la autora durante un periodo de cinco años como herramienta pedagógica de autoevaluación y análisis crítico, se presentará el contexto de trabajo y materiales significativos creados por la docente y la reflexión que los acompaña. Estos ayudarán a entender el proceso de incorporación del concepto de 'sostenibilidad' en sus diferentes facetas a lo largo del tiempo en la práctica docente de la autora.

Tomar como punto de partida una forma de discurso que puede entenderse como emancipadora (Richards, 2008) parece adecuado para comunicar experiencias de emancipación dentro de la propia práctica educativa. Por otro lado, y siguiendo a Méndez (2013), una ventaja importante de la autoetnografía es que contribuye a que otros reflexionen y empaticen con lo presentado. Y en efecto, una de las aspiraciones al escribir este trabajo es convertirlo en una invitación a la reflexión para otros profesores sobre el asunto del que aquí se trata.

Dentro del contexto docente sobre el que versan los diarios, y del que hablaremos a continuación, el concepto de diversidad aparece de forma central, explícita o implícitamente, desde muy pronto. Es a partir de ese concepto desde donde se llega al de descolonización y al de sostenibilidad.

3. Contexto de enseñanza y primera fase de la intervención

El contexto concreto de enseñanza de lenguas en el que se enmarca esta intervención pedagógica es muy particular y se sitúa en un campo excepcionalmente poco estudiado. Solo recientemente han aparecido algunas publicaciones que tangencialmente son relevantes (Pountain, 2019) o que se ocupan de este contexto sin entrar en los detalles y sus implicaciones para la docencia (Critchley, Illingworth y Wright, 2021). En la Universidad de East Anglia, al igual que en otras universidades en el Reino Unido, estudiantes de cualquier grado pueden elegir aprender una lengua como componente optativo a sus estudios[4]. El término utilizado en inglés para referirse a estos cursos, *subsidiary language modules* o "cursos de lenguas subsidiarios", indica que son subordinados o suplementarios[5]. Centrarse en este contexto revelará que algunos de los desafíos que presenta también son oportunidades y ofrecen un terreno fértil para que los docentes se desarrollen y mejoren la calidad de la enseñanza de idiomas con un efecto positivo más allá de los cursos de lenguas subsidiarios.

Enseñar español como materia optativa generalmente implica impartir clases a grupos grandes de hasta 20 estudiantes, con un número variable de estudiantes internacionales, a veces con poco dominio del inglés. Estos también son estudiantes que están haciendo una variedad de grados y se encuentran en diferentes etapas de su ciclo de aprendizaje. En definitiva, se trata de grupos muy heterogéneos con habilidades mixtas y con diferentes niveles de experiencia en el aprendizaje de idiomas.

Los cursos electivos de lenguas tienen una duración de doce semanas, de las cuales tres se dedican a pruebas formativas y sumativas y a revisar contenidos a la luz de los resultados de las pruebas formativas. El tiempo de contacto con el profesor es de un total de dos horas y media a la semana, de las que 50 minutos

---

[4]. En muchos casos, en la Universidad de East Anglia, los estudiantes solo toman estos cursos durante un semestre.

[5]. Es difícil afirmar con total certeza que esta terminología empleada para este tipo de contexto de enseñanza de lenguas sea responsable de la falta de atención que se le presta en la literatura académica, pero el hecho es que las características específicas de este contexto y las implicaciones de trabajar en él, no han sido ampliamente investigadas. Parte del interés adicional de este trabajo es, por tanto, centrarnos en este contexto poco estudiado.

se dedican a la práctica oral. Se espera que los estudiantes trabajen de forma autónoma al menos entre 4 y 5 horas por semana.

Las limitaciones de tiempo en este tipo de cursos presentan problemas al elegir un manual adecuado ya que apenas es posible hacer uso de un 50% del material. Hay que tener en cuenta también consideraciones como las señaladas en Zhadko y Ko (2020): asegurar equidad educativa pasa por mantener a cero los costes para los estudiantes. Esto conlleva por lo tanto cuestionar la expectativa de que los estudiantes paguen por recursos que sabemos que no vamos a utilizar en su totalidad y considerar la opción de hacer uso de recursos educativos de acceso abierto, que son una forma de contribuir a la justicia social.

En este contexto de trabajo, inicialmente se identificaron asimismo varios aspectos necesitados de mejora, que podrían denominarse de tipo técnico. Estos fueron los que llevaron a decisiones que culminaron en el desarrollo de la plataforma Spanish Bytes. La creación de una página web facilita soluciones a problemas de grupos con tanta diversidad: dar acceso a material relevante antes de los seminarios, por ejemplo, ayuda especialmente a estudiantes con dislexia, o a aquellos a quienes les resulta más difícil seguir la clase por otros motivos. Los tutoriales y pódcast creados son muy útiles para este fin y responden bien a la necesidad de flexibilidad, de repetición y de autonomía de algunos estudiantes. En esta primera fase, los contenidos producidos tenían una orientación predominantemente lingüística centrada en proporcionar claridad, práctica y acceso permanente a aspectos gramaticales y comunicativos que se iban a examinar por medio de test (ver Figura 1). Para aquellos que no pueden asistir a clase regularmente por motivos diversos, también es importante tener acceso a las explicaciones de la docente, y no solo a documentos usados en clase. Ya en esta etapa, es posible establecer que de alguna manera la enseñanza se volvió más sostenible[6].

---

6. Se hablará a continuación de este concepto, partiendo de su definición. Aquí se entiende como algo que puede mantenerse por sí mismo, en el sentido de que no requiere una intervención del profesor más allá de la producción de los recursos educativos en sí mismos. La producción de estos contenidos en línea ahorra, a largo plazo, tiempo y energía, ya que no es necesario repetirlos de forma individual en horas de atención al alumnado. La optimización del tiempo se puede interpretar como un elemento que contribuye a la "producción y consumo responsables" de los contenidos impartidos.

Figura 1. Ejemplo de material de apoyo al estudiante para su práctica autónoma (Arribas-Tomé, 2016)

"Sostenible" (Merriam-Webster[7]) se define como "capaz de ser sostenido o capaz de durar o continuar durante mucho tiempo", también "capaz de ser utilizado sin ser completamente agotado o destruido" y "relacionado con un estilo de vida que implique el uso de métodos sostenibles". Lexico Dictionaries[8] complementa estas definiciones con "capaz de mantenerse a un cierto ritmo o nivel" y "capaz de ser defendido". Podemos comenzar evaluando si la enseñanza de idiomas se

---

7. https://www.merriam-webster.com/dictionary/sustainable

8. https://www.lexico.com/definition/sustainable

podría denominar 'sostenible' utilizando estos criterios. Para eso, necesitamos centrarnos en prácticas docentes específicas.

En el caso que nos ocupa, el hecho de que los estudiantes pudieran acceder a los contenidos fuera de los seminarios, cuando les fuera conveniente, de manera flexible, sin la necesidad de encontrarse con el profesor para ponerse al día, constituía un apoyo claro a su independencia y autonomía y demostraba respeto al ritmo de aprendizaje de los estudiantes y a sus circunstancias personales. Esto era algo 'capaz de mantenerse o durar o continuar durante mucho tiempo', ya que la página web es un espacio abierto al que se puede acceder incluso después de que los estudiantes terminen su curso y continúen, o no, con sus estudios del idioma, a diferencia de los entornos cerrados de aprendizaje virtual. Zhadko y Ko (2020, p. 3) señalan cómo los Recursos Educativos Abiertos (REA en adelante) "sirven de catalizador para fomentar la innovación en la educación" y destacan que "estudios que examinan el impacto de los REA en el aprendizaje de los estudiantes también informan de un mayor interés de los estudiantes por los REA en comparación con los libros de texto tradicionales y, en consecuencia, de una mejora de los resultados en el aprendizaje" (Zhadko y Ko, 2020, p. 7)[9].

Crear algo que fuera 'capaz de ser usado sin que se agote o destruya por completo', como es el caso de Spanish Bytes, es algo posible de 'defender', empezando por las razones prácticas aducidas anteriormente. En lo que respecta a la estrategia de crear una página web, se puede decir por tanto que facilita 'el uso de métodos sostenibles'. Aunque inicialmente resultaba exigente, "puede requerir una cantidad considerable de tiempo sólo para desarrollar el contenido" y también para su mantenimiento (Zhadko y Ko, 2020, p. 41) era factible mantenerla 'a un cierto ritmo o nivel'. El hecho de que la comunidad en general pudiera acceder al sitio web, y no quedara excluida, como suele ocurrir al usar espacios de aprendizaje virtuales cerrados, abrió las paredes del aula y agregó una dimensión de inclusión más al trabajo realizado (UNESCO, 2021, p. 111). Así, el excedente cognitivo (Shirky, 2011) generado por esta actividad docente, y capturado de forma permanente en un espacio virtual público, es reusable

---

9. Traducción de la autora.

y reciclable. Todos estos aspectos hacen posible resistir contra una tendencia cada vez mayor a la mercantilización de la educación (UNESCO, 2015, p. 82) y apuntan a un tipo de sostenibilidad que UNESCO (2020, p. 6) relaciona también con una educación en la que se apoyen los recursos educativos abiertos y las herramientas digitales de acceso abierto.

3.1. Estrategias *lean* y *agile*

La resolución de problemas, el enfoque centrado en el estudiante, la reflexión y un deseo de eficacia y efectividad impulsaron inicialmente cambios docentes que se explican muy bien con dos métodos del mundo de la gestión de proyectos. Estos métodos ayudan a obtener una mejora en los procesos generando resultados rápidos y, sobre todo, como se ha tratado de explicar, sostenibles.

Solo recientemente se han discutido los conceptos *agile* y *lean* en relación con la educación (Maccallum y Parsons, 2019). Sin embargo, estos conceptos han dado forma a muchas decisiones en relación a la creación de Spanish Bytes, aun antes de que esa conexión con la educación se hiciera explícita. Por ejemplo, el espacio creado con el sitio web requería una evaluación continua, lo que se traducía en un ciclo iterativo de producción de materiales, donde se revisaban y refinaban los recursos repetidamente a la vez que se usaban. Esto desencadenó el aprendizaje adaptativo generando una mejora progresiva de habilidades en la docente y la integración de tecnología de manera significativa, para responder tanto a las necesidades de los alumnos como a las nuevas necesidades de la docente. Desde esta perspectiva, *agile* (centrado en la entrega rápida de algo con valor para el aprendiente que permite acceso a una retroalimentación valiosa para mejorar el material) y *lean* (con énfasis en la calidad y la eficiencia) vertebran una sostenibilidad de carácter práctico pero que, a la larga, también facilita otra de carácter teórico-crítico.

Al cuestionar la calidad y el valor de los recursos educativos desde las perspectivas *lean* y *agile*, y también con los criterios de calidad propuestos por autores como Green y Brown (2017) el inevitable uso parcial de los manuales en el contexto educativo de la enseñanza de lenguas subsidiarias, se conceptualiza como 'residuo'. "Ineficiencias o desperdicios" (Maccallum y Parsons, 2019, p. 74) pueden tomar formas diversas y eliminarlas constituye una mejora. Para ello también hay que tener una idea clara de lo que es valioso. En el caso que nos ocupa, es valioso maximizar la oportunidad para enseñar contenido relevante en tiempo limitado, por ejemplo. La base de la metodología *lean* es el pensamiento *Kaizen*, el cambio para mejor, la mejora continua, e Imai (1997) establece 7 tipos de desperdicio, que existen también en las instituciones de enseñanza, de los cuales uno es la superproducción.

3.2. Mirada crítica a los libros de enseñanza de idiomas

Los procesos descritos sucintamente que entroncan con estrategias *lean* y *agile* en la creación de materiales, además de los aspectos de justicia social mencionados anteriormente, llevan necesariamente a cuestionar los libros de texto. La necesidad constante de reformar el contenido, o de complementar, eliminar o transformar el material disponible en determinados libros, contrasta con la satisfacción de crear un contenido eficiente, apropiado y diseñado con un determinado grupo de estudiantes en mente. Aunque se ha argumentado que existe potencial para trabajar con materiales imperfectos para desarrollar competencias interculturales si las representaciones culturales contenidas en los libros de texto de idiomas son problemáticas (McConachy, 2018), es casi inevitable llegar a un punto en la creación de REA, en el que las limitaciones son cada vez menos negociables, no solo por la discrepancia con las necesidades específicas en el aula, sino también porque los libros de texto se asemejan a una camisa de fuerza frente a la agilidad con la que se puede producir materiales más útiles y ajustados a un determinado perfil de estudiante y a una creciente toma de conciencia del poder de decisión del docente. La publicación del MCER[10], marca también un punto de inflexión al no adscribir ningún método específico para la enseñanza de lenguas; "no existe actualmente un consenso respecto a la forma en que aprenden los alumnos que esté tan consolidado por la investigación como para que el *Marco de referencia* se fundamente en una teoría del aprendizaje en concreto" (Consejo de Europa, 2002, p. 139). Se puede argüir que esta posición

---

10. Marco común europeo de referencia para las lenguas.

facilita la apertura a una época postmétodo, donde lo verdaderamente central es el contexto de enseñanza y las características y necesidades de los estudiantes. Kumaravadivelu apuntaba ya en 1994 a cómo la situación postmétodo "puede dar nueva forma al carácter y al contenido de la enseñanza de L2, a la formación de profesores y a la investigación en clase" y "motiva la búsqueda de un marco abierto y coherente basado en propuestas teóricas, empíricas y pedagógicas actuales que permitirán al profesorado teorizar a partir de la práctica y practicar desde la teoría" (p. 1). Los libros de enseñanza de idiomas, bajo la premisa aparentemente beneficiosa, generalmente aceptada, de ahorrar tiempo a los docentes, también consumen y modelan nuestro tiempo y nuestra práctica, imponiendo determinados métodos. Además, como hooks (1994) apunta, es "necesario recordar a todos que ninguna educación es políticamente neutral" (p. 30), y por extensión tampoco los libros de texto son políticamente neutrales. Lo que se incluye en un libro de texto, o lo que se deja fuera, es ciertamente político, y por lo tanto es muy necesario considerarlos de forma crítica, también por este motivo. Un buen ejemplo de lo necesario de una posición crítica hacia los materiales de español en los libros de texto LE/L2 es el trabajo de Morales-Vidal y Cassany (2020).

Lo que Apple (1985) argumentó hace más de 35 años sigue siendo relevante hoy. Los libros de texto pertenecen a la "economía política de la cultura" (p. 147)[11], deben satisfacer a un grupo objetivo de consumidores, tienen que ser competitivos y tienen fines lucrativos. En 2020, el total de la exportación de libros dirigidos a la enseñanza del español alcanzó la cifra de 10,69 millones de euros, así como más de 1,60 millones de ejemplares (FEDECALI, 2020). Según Jobrack (2017), los editores se centran en producir materiales para aquellos docentes que no están interesados en cambiar, porque los materiales que podrían tener más impacto en cuanto a incentivar innovaciones solo interesan a una minoría y por lo tanto no son rentables. No se puede ignorar la 'tiranía del libro de texto', título que da nombre al libro de Jobrack (2017), ni la existencia del mercado, cuando se considera la función de los libros de idiomas en el aprendizaje. Están en gran medida "orientados a lo que se va a vender y no necesariamente a lo que es más

---

11. Traducción de la autora.

importante saber"[12] (Apple, 1985, p. 154). Kramsch y Vinall (2015, p. 16) han denunciado también cómo la construcción y la representación de las culturas de habla hispana son objeto de una ideología de consumo y de la mercantilización de la identidad, lo que alimenta la industria del turismo global. Es también de interés el análisis de Bruzos y Méndez Marassa (2016) del discurso institucional sobre el valor económico del español y el turismo lingüístico. Esta visión dominante de ELE y del estudiante como consumidor cultural "se refleja en las cuestiones culturales representadas en los libros de texto (hitos literarios y artísticos, lugares turísticos, platos populares, fiestas, celebraciones)", en la forma de tratarlas y en la construcción de la identidad del profesor de ELE como "una especie de animador cultural" (Bruzos y Méndez Marassa, 2016, p.13).

Teniendo en cuenta las anotaciones en los diarios reflexivos en los que se recoge la experiencia docente concreta a la que se está haciendo referencia en este trabajo, hay que destacar que es en el momento de crear recursos didácticos para una página web y familiarizarse con las herramientas necesarias cuando se toma conciencia de la libertad a la que se renuncia al usar los libros de enseñanza de idiomas. En ocasiones esa renuncia es impuesta, en los casos en que la toma de decisiones sobre los libros de texto, por ejemplo, no estén en manos del enseñante. Sin embargo, una situación así, no excluye la posibilidad de buscar formas de ejercer la libertad como profesor y crear materiales propios en espacios propios, como una página web. Recuperar el espacio creativo de la enseñanza, creando uno si es necesario, y con él redefinir la identidad como docente de ELE, es una actividad política. Esto facilita la producción de material más allá de la posición puramente de resolución de problemas, tratando de integrar adecuadamente los contenidos que se quieren enseñar, la relación profesor-alumno más allá del aula física, y una identidad docente emancipada, en parte gracias a la creación de un espacio autónomo.

Sin los libros de texto la oportunidad de tomar decisiones pedagógicas aumenta. No solo podemos ser guionistas de nuestras clases, sino que también debemos decidir qué imágenes y elementos visuales generan recursos ricos y coherentes.

---

12. Traducción de la autora.

Es en el momento de tomar decisiones sobre las imágenes cuando el tema de la representación y de la voz se convierte en una cuestión crítica. Como sugiere Gerald (2020)[13], "la blancura hegemónica controla nuestras instituciones, nuestros planes de estudio y nuestra pedagogía a menos que nosotros, como miembros de este campo, busquemos conscientemente contrarrestar su influencia" (p. 44). Este nuevo rol, más holístico y libre, lleva a explorar "cuestiones de justicia, valores, ética y poder" y aleja de "modos de pedagogía que abrazan una racionalidad instrumental" (Giroux, 2011, p. 26).

4. Conciencia descolonizadora y segunda fase de la intervención

Es preciso destacar el aspecto evolutivo que conlleva ampliar la capacidad de acción docente y sus implicaciones en términos de toma de decisiones en aspectos didácticos y teóricos simplemente impulsados por la toma de conciencia de ser un educador de idiomas más libre. La relación con un nuevo espacio de trabajo, como Spanish Bytes, también es proclive a evolucionar con el tiempo dada su flexibilidad y adaptabilidad. En esa evolución, tras una primera fase de motivación de carácter práctico (responder a una serie de limitaciones y desafíos recurrentes que una docente percibe en sus clases), se llega a una segunda fase que podría denominarse experimental y descolonizadora (TU Delft, 2021). Presentaremos a continuación, por tanto, ejemplos de materiales didácticos que ilustran la naturaleza iterativa del desarrollo de recursos que Spanish Bytes facilitó.

Los ejemplos de la Figura 2 y Figura 3 pertenecen a esa segunda fase del proceso de cambio. Captan la conciencia que surge en torno a la importancia de las decisiones acerca de qué tipo de hablante se visibiliza. En estos dos casos en relación con la cuestionada y controvertida noción de hablante nativo (Dewaele, 2018; Espinoza Alvarado, 2015). En la Figura 2 vemos a una usuaria de L2 en una posición de referencia y en un lugar que desafía las suposiciones de

---

13. Traducción de la autora.

dónde se habla y quién habla la L2. La hablante de español que aparece en el vídeo es alemana y está explicando cómo encontrar una determinada iglesia en su pequeña ciudad del norte de Alemania. Con este ejemplo se quiere ilustrar las posibilidades de ir más allá de una pedagogía centrada en lo puramente lingüístico. Es habitual cubrir el tema de dar instrucciones para llegar a un lugar en un curso electivo de español de nivel A1-A2, lo que no es habitual es convertir la noción del hablante nativo en un tema de conversación en ese contexto, ni localizar el uso del español en un territorio en el que la lengua oficial no es el español, como dice Cook (1999), llevando "las situaciones y los roles de los usuarios de L2 al aula, usando deliberadamente la L1 de los estudiantes en las actividades de enseñanza, y buscando descripciones de usuarios de L2 o estudiantes de L2 en lugar de descripciones de hablantes nativos como fuente de información" (p. 185). Esto proporciona la oportunidad de cuestionar en clase el concepto de hablante nativo como modelo y la asociación habitual de nación y lengua, que oscurece la realidad del multilingüismo y las identidades complejas.

Figura 2. El hablante nativo en clase como punto de reflexión (Arribas-Tomé, 2018)

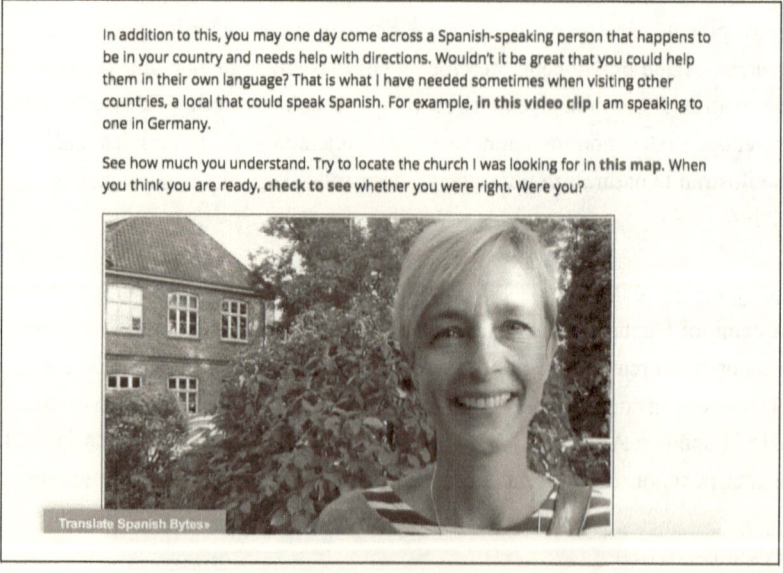

De la misma forma, la Figura 3, con otro hablante no nativo, ilustra las posibilidades de ampliación de la variedad de voces, experiencias y temas, en este caso acercando a los estudiantes la posibilidad de pensarse a sí mismos como emigrantes en el futuro. Esto lleva al aprendiente de español a un territorio que Spivak (2012) denomina "transnational literacy" (p. 152), que implica aprender y desaprender, donde podemos explorar con los estudiantes cómo la noción de emigrante se ve afectada por influencias sociohistóricas y políticas. Una alfabetización crítica transnacional que en definitiva consiste en la toma de conciencia de las relaciones de poder que operan en la producción de conocimientos en contextos interculturales.

Figura 3. Oportunidades para reflexionar sobre la emigración y sobre el aprendiente como potencial futuro emigrante (Arribas-Tomé, 2020a)

Esta dimensión progresivamente descolonizadora, muy pronto condujo al desarrollo de materiales donde descolonización y sostenibilidad se interconectaban. Querer visibilizar personas y lugares que no están presentes en los libros de texto, o que lo están, pero de una forma folclorizada o distorsionada, y acercarse a ellos, ayuda a conocer sus problemas. Y estos problemas tienen mucho que ver con el concepto de sostenibilidad. Esto no quiere decir que hasta ese momento los temas relevantes para la sostenibilidad hubieran estado ausentes del horizonte de posibilidades pedagógicas.

5. La sostenibilidad como hilo conductor y la descolonización de la sostenibilidad: tercera fase de la intervención

Hay cada vez más trabajos que ofrecen diferentes perspectivas de cómo puede contribuir la educación a la sostenibilidad (Price et al., 2021), pero ninguno se centra explícitamente en cómo la enseñanza de idiomas puede contribuir a una educación sostenible. Esto podría interpretarse de al menos dos maneras. Puede que sea demasiado pronto para tener pruebas que demuestren el vínculo entre la enseñanza de idiomas y la sostenibilidad, o simplemente no ha sido una disciplina en la que se vea ninguna posibilidad de cambio que pueda afiliarse con conceptos de sostenibilidad. Si hay resistencia dentro de la comunidad de enseñanza de idiomas cuando se argumenta a favor de su vínculo con la enseñanza sobre la sostenibilidad, parece natural que sea mucho más difícil encontrar comprensión fuera de esta disciplina. Existe abundante literatura que ilustra cómo el concepto de sostenibilidad se ha asociado en gran medida a las llamadas *ciencias duras*, Echendu (2021) y Lundquist et al. (2021) son solo dos ejemplos recientes. A lo largo del tiempo, disciplinas como el derecho han labrado un espacio y una voz en relación con la sostenibilidad, como por ejemplo en el caso emblemático de la fallecida Polly Higgins (2016), abogada y autora escocesa, convertida en activista ambiental, y conocida por su trabajo sobre la Ley de Ecocidio.

Starkey y Osler (2001) proponen que la enseñanza de idiomas puede ser demasiado importante como para dejarla solo en manos de los lingüistas. Esto parecería sugerir que los profesores de idiomas deben buscar la colaboración más allá de su disciplina o desarrollarse como educadores interdisciplinares. Estas son dos opciones compatibles, y parecería que ambas hacen una referencia implícita a un enfoque AICLE[14], normalmente asociado a contextos escolares. Existe en el ámbito universitario en el Reino Unido el enfoque de lenguas para fines específicos, pero al menos en el contexto de la enseñanza de español, como indica Díaz-Bravo (2021), se da una distinción estricta entre cursos de lengua y cursos de contenidos, que es inapropiada y contraproducente. Sería necesario, en consecuencia, cuestionar no solo el contenido que enseñamos, sino a nosotros mismos como educadores, tomando buena cuenta del contexto social e histórico en el que nos encontramos. Ante los retos globales derivados, entre otros, del impacto de las sociedades industriales en el medio ambiente, una de las preguntas acuciantes es cómo transformarlas en sociedades sostenibles, y cómo capacitarnos como enseñantes en un mundo que también necesita de nuestra intervención. Promover la reflexión y el conocimiento parece ser una tarea al alcance de los enseñantes de lenguas. Por lo tanto, la pregunta subsiguiente no es si es posible integrar la enseñanza de lengua con contenidos que faciliten el aprendizaje sobre la sostenibilidad, sino cómo hacerlo de manera óptima. Los cursos de idiomas, incluso a un nivel inicial, no son incompatibles con contenidos que centren la atención de los estudiantes en la sostenibilidad. De manera sintética presentamos unos ejemplos que ilustran esta posibilidad (Figura 4).

El ejemplo de la Figura 5 tiene que ver con Chiapas y cuestiones de acceso al agua y problemas de salud por el alto consumo de Coca-Cola en la región entre la población indígena. Este es parte de una colección de nuevos materiales didácticos que cubren temas tales como el consumo y la producción sostenibles, ciudades y comunidades sostenibles, acción climática, educación de calidad, buena salud y bienestar e igualdad de género para estudiantes del grado de español en niveles A1-A2 y B1-B2. Esto también ilustra cómo el desarrollo de materiales en un contexto de subsidiariedad, de acuerdo con principios anteriormente mencionados, beneficia a otros contextos de aprendizaje.

---

14. Aprendizaje Integrado de Contenido y Lenguas Extranjeras.

Figura 4. *Vida sostenible: Alimentación sostenible*, es un tema que puede trabajarse a diferentes niveles y que incita a reflexionar sobre los hábitos de consumo personales además de su impacto más allá de nuestro entorno más inmediato (Arribas-Tomé, 2021)

En la Figura 5 pueden apreciarse los nombres de los estudiantes que, al hacer uso de los materiales, desarrollaron conocimientos y competencias para abordar los desafíos sociales a través de la reflexión y la escritura. Generaron textos y otras aportaciones que fueron añadidos al material inicial. Siguiendo el trabajo de Mercer-Mapstone et al. (2017) se reposicionan "las funciones de los estudiantes y del profesorado en el proceso de aprendizaje, sobre la base de una ética basada en valores" y "los académicos informan de una transformación del sentido de sí mismos y de la conciencia de sí mismos tanto para los estudiantes como para los profesores" (p. 2). La participación de los estudiantes se convierte así en colaboración, y su trabajo en cocreación de contenido; pasa a ser visible y a adquirir un valor que no está asociado a un resultado numérico. La página web se convierte de esta forma en un espacio donde las relaciones de poder y subordinación, profesor-estudiante, se eliminan sustituyéndose por otra relación, más experimental e igualitaria. La actividad de los estudiantes genera un excedente cognitivo que no se pierde sino que enriquece un espacio virtual en constante transformación y accesible a todos.

Figura 5. Haciendo visibles a los estudiantes y sus contribuciones (Arribas-Tomé, 2020b)

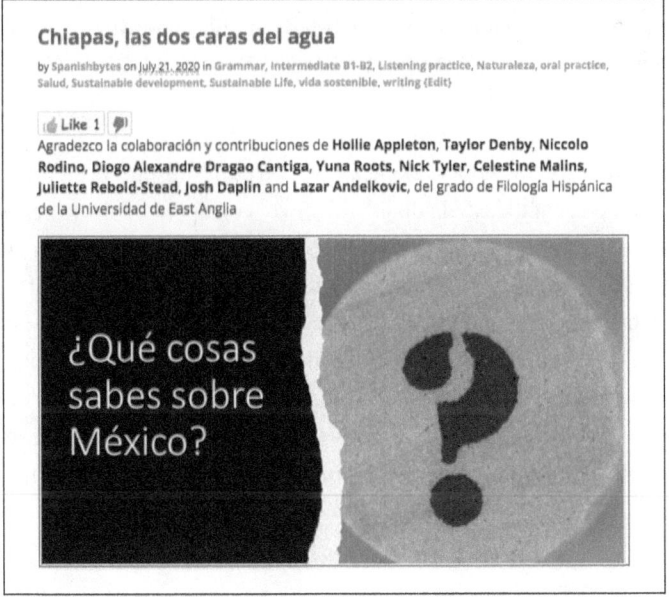

Los estudiantes expresaron cómo habían ampliado sus conocimientos sobre los problemas actuales de nuestro mundo junto con su aprendizaje del idioma. Valoraron el trabajo en grupo sobre las presentaciones por ser muy útiles para intercambiar ideas y los temas sobre los países de habla hispana en relación a los Objetivos de Desarrollo Sostenible (ODS). Sus comentarios positivos validan el modo en que se genera este desarrollo de materiales visto, con Maley (1995), "como una forma de conocimiento tácito operacionalizado" que implica "confiar en nuestras intuiciones y creencias" (p. 221). Maley (2013) también especula sobre la posibilidad de un nuevo cambio de paradigma en la enseñanza de idiomas. Uno de los factores responsables de ese cambio sería, en su opinión, "el aumento de la concienciación sobre los problemas mundiales, y la importancia de educar a una nueva generación en un mayor respeto por los recursos limitados del planeta"[15] (Maley, 2013, p. 183).

6. Conclusiones

En este trabajo hemos esbozado el contexto de enseñanza de español como lengua optativa o 'subsidiaria' como el sitio donde la creación de materiales y la conciencia crítica de una docente universitaria se desarrollaron a lo largo del tiempo.

El resumen de esta trayectoria explica que fueron las respuestas a los retos que la diversidad presentaba en el aula lo que llevó a un aprendizaje de herramientas facilitadoras de cambio, que incluyó el desarrollo de una página web. Las metodologías *lean* y *agile* ayudan a entender el desarrollo de esta práctica como un proceso inicialmente orientado a la mejora de un producto con el mínimo desperdicio, especialmente de tiempo, pero también de contenidos. Este último aspecto, característico de la estrategia *lean*, tiene conexión con una conceptualización de la educación como generadora de excedente cognitivo que plantea en sí un reto ético (reciclarlo o desperdiciarlo) y con una

---

15. Traducción de la autora.

conceptualización de la sostenibilidad como algo que implica un uso optimizado de los recursos. Estas consideraciones conllevaron una mirada crítica a los manuales de enseñanza.

Fue a través de la creación rápida de prototipos de objetos de aprendizaje para un sitio web, de su revisión y del perfeccionamiento de los materiales a medida que se usaban en el aula, como la atención pasó de centrarse en los objetos de aprendizaje a las suposiciones subyacentes y fundamentos de las decisiones. Con la ayuda de diarios reflexivos, se ahondó en cuestiones de representación y visibilización. Estas cuestiones encontraron un marco conceptual en el proyecto descolonizador y más adelante una referencia en los ODS, especialmente en el contexto del mundo de habla hispana.

El distanciamiento respecto a los libros de texto y su cuestionamiento y la producción de un espacio alternativo y accesible a todos permitió visibilizar temas y personas normalmente ausentes en la enseñanza del español, a los estudiantes como colaboradores en la creación de contenidos, y a la docente con mayor poder de decisión.

Una búsqueda de soluciones técnicas posibilitó que la acción y la voz del docente y del estudiante crecieran en presencia, a la vez que crecieron en presencia nuevos contenidos ligados primero a un interés descolonizador que a su vez se entrelazaron también con cuestiones de sostenibilidad. La sostenibilidad requiere seguir pensando la descolonización porque es un concepto susceptible de crítica desde una posición pluriversal (Masaquiza-Jerez, 2021), con implicaciones para la futura evolución del trabajo aquí presentado.

Referencias bibliográficas

Apple, M. W. (1985). The culture and commerce of the textbook. *Journal of Curriculum Studies, 17*(2), 147-162. https://doi.org/10.1080/0022027850170204

Arribas-Tomé, M. (2016). *Tutorial: shopping for food (dialogues)*. Spanish Bytes. http://www.spanishbytes.com/tutorial-shopping-food-dialogues/

Arribas-Tomé, M. (2018). *Giving directions*. Spanish Bytes. https://www.spanishbytes.com/giving-directions-2/

Arribas-Tomé, M. (2020a). *Diversidad: "Soy migrante"*. Spanish Bytes. https://www.spanishbytes.com/diversity-soy-migrante/

Arribas-Tomé, M. (2020b). *Chiapas, las dos caras del agua*. Spanish Bytes. https://www.spanishbytes.com/chiapas-las-dos-caras-del-agua/

Arribas-Tomé, M. (2021). *Vida sostenible: alimentación sostenible*. Spanish Bytes. https://www.spanishbytes.com/vida-sostenible/

Bruzos, A., & Méndez Marassa, E. (2016). Import/export: aproximación crítica a los discursos sobre el español como recurso económico en el campo del español como lengua extranjera (ELE). *MarcoELE: Revista de Didáctica de ELE, 23*.

Consejo de Europa. (2002). Marco común Europeo de referencia para las Lenguas: aprendizaje, enseñanza, evaluación. Secretaría General Técnica del MEC, Instituto Cervantes y Editorial Anaya.

Cook, V. J. (1999). Going beyond the native speaker in language teaching. *TESOL Quarterly, 33*(2), 185-209. https://doi.org/10.2307/3587717

Critchley, M., Illingworth, J., & Wright, V. (2021). *Survey of language provision in UK universities in 2021. Report no. 3, July.* University Council of Modern Languages (UCML), Association for University Language Communities in the UK & Ireland (AULC).

Dewaele, J. M. (2018). Why the dichotomy "L1 versus LX user" is better than native versus non-native speaker. *Applied Linguistics, 39*(2), 236-240. https://doi.org/10.1093/applin/amw055

Díaz-Bravo, R. (2021). Modern languages students as linguists and teachers. In A. de Medeiros & D. Kelly (Eds), *Language debates: theory and reality in language learning, teaching and research* (pp. 107-118). John Murray Press (Hodder & Stoughton).

Echendu, A. J. (2021). Flooding in Nigeria and Ghana: opportunities for partnerships in disaster-risk reduction. *Sustainability: Science, Practice and Policy, 18*(1), 1-15. https://doi.org/10.1080/15487733.2021.2004742

Espinoza Alvarado, M. (2015). El hablante nativo como modelo de norma pragmática: su caracterización e implicancias en pragmática de interlengua. *Onomázein, 32*, 212-226. https://doi.org/10.7764/onomazein.32.12

FEDECALI. (2020). *Comercio exterior del libro 2020*. https://fedecali.es/comercio-exterior/#tabla77

Gerald, J. (2020). Worth the risk: towards decentring whiteness in english language teaching0*BC TEAL Journal, 5*(1), 44-54.

Giroux, H. A. (2011). *On critical pedagogy*. Continuum.

Green, T. D., & Brown, A. H. (2017). *The educator's guide to producing new media and open educational resources*. Routledge. https://doi.org/10.4324/9781315674865

Higgins, P. (2016). *Eradicating ecocide*. Shepheard-Walwyn.

hooks, b. (1994). *Teaching to transgress: education as the practice of freedom*. Routledge.

Imai, M. (1997). *Gemba Kaizen*. McGraw-Hill.

Jobrack, B. (2017). *Tyranny of the textbook: an insider exposes how educational materials undermine reforms*. Rowman & Littlefield.

Kramsch, C., & Vinall, K. (2015). The cultural politics of language textbooks in the era of globalization. In X. L. Curdt-Christiansen & C. Weninger (Eds), *Language, ideology and education* (pp. 25-42). Routledge. https://doi.org/10.4324/9781315814223-9

Kumaravadivelu, B. (1994). La situación posmétodo: estrategias emergentes y confluyentes para la enseñanza de segundas lenguas y de lenguas extranjeras [Traducción de M. Cánovas de "The postmethod condition: (e)merging strategies for second/foreign language teaching"]. *TESOL Quarterly, 28*(1), 27-48. El enfoque comunicativo. Antologías didácticas. Biblioteca del profesor. Centro Virtual Cervantes.

Kumazawa, M. (2013). Gaps too large: four novice EFL teachers' self-concept and motivation. *Teaching and Teacher Education, 33*, 45-55. https://doi.org/10.1016/j.tate.2013.02.005

Lundquist, C., Hashimoto, S., Denboba, M. A., Peterson, G., Pereira, L., & Armenteras, D. (2021). Operationalizing the nature futures framework to catalyze the development of nature-future scenarios. *Sustainability Science, 16*(6), 1773-1775. https://doi.org/10.1007/s11625-021-01014-w

Macalister, J. (2012). Narrative frames and needs analysis. *System, 40*(1), 120-128. https://doi.org/10.1016/j.system.2012.01.010

Maccallum, K., & Parsons, D. (2019). *Agile and lean concepts for teaching and learning: bringing methodologies from industry to the classroom*. Springer.

Maley, A. (1995). Materials writing and tacit knowledge. In A. C. Hidalgo, D. Hall & G. M. Jacobs (Eds), *Getting started: materials writers on materials writing* (pp. 22-39). SEAMEO Language Centre.

Maley, A. (2013). Creative approaches to writing materials. In B. Tomlinson (Ed.), *Developing Materials for Language Teaching* (2nd ed.). Bloomsbury Publishing.

Masaquiza-Jerez, M. (2021). *Challenges opportunities for Indigenous Peoples' sustainability*. United Nations. https://www.un.org/development/desa/dspd/wp-content/uploads/sites/22/2021/04/PB_101.pdf

McConachy, T. (2018). Critically engaging with cultural representations in foreign language textbooks. *Intercultural Education, 29*(1), 77-88. https://doi.org/10.1080/14675986.2017.1404783

Mercer-Mapstone, L., Dvorakova, S. L., Matthews, K. E., Abbot, S., Cheng, B., Felten, P., Knorr, K., Marquis, E., Shammas, R., & Swaim, K. (2017). A systematic literature review of students as partners in higher education. *International Journal for Students as Partners, 1*(1). https://doi.org/10.15173/ijsap.v1i1.3119

Méndez, M. (2013). Autoethnography as a research method: advantages, limitations and criticisms. *Colombian Applied Linguistics Journal, 15*(2), 279-287. https://doi.org/10.14483/udistrital.jour.calj.2013.2.a09

Moon, J. A. (2004). A handbook of reflective and experiential learning: theory and practice. Routledge Falmer.

Morales-Vidal, E., & Cassany, D. (2020). El mundo según los libros de texto: análisis crítico del discurso aplicado a materiales de español LE/L2. *Journal of Spanish Language Teaching, 7*(1), 1-19. https://doi.org/10.1080/23247797.2020.1790161

Pountain, C. (2019). Modern Languages as an academic discipline: the linguistic component. *Language, Culture and Curriculum, 32*(3), 244-260. https://doi.org/10.1080/07908318.2019.1661153

Price, E. A. C., White, R. M., Mori, K., Longhurst, J., Baughan, P., Hayles, C. S., Gough, G., & Preist, C. (2021). Supporting the role of universities in leading individual and societal transformation through education for sustainable development. *Discover Sustainability, 2*(1). https://doi.org/10.1007/s43621-021-00058-3

Rebolj, A. B. (2013). The case study as a type of qualitative research. *Journal of Contemporary Educational Studies, 28*(1), 28-43.

Richards, R. (2008). Writing the othered self: autoethnography and the problem of objectification in writing about illness and disability. *Qualitative Health Research, 18*(12), 1717-1728. https://doi.org/10.1177/1049732308325866

Ruohotie-Lyhty, M. (2013). Struggling for a professional identity: two newly qualified language teachers' identity narratives during the first years at work. *Teaching and Teacher Education, 30*, 120-129. https://doi.org/10.1016/j.tate.2012.11.002

Sánchez-Carrillo, J. C., Cadarso, M., & Tobarra, M. Á. (2021). Embracing higher education leadership in sustainability: a systematic review. *Journal of Cleaner Production, 298,* 126675. https://doi.org/10.1016/j.jclepro.2021.126675

Shirky, C. (2011). *Cognitive surplus: creativity and generosity in a connected age.* Penguin.

Spivak, G. C. (2012). *An aesthetic education in the era of globalization* (8th ed.). Harvard University Press, MLA.

Starkey, H., & Osler, A. (2001). Language learning and antiracism: some pedagogical challenges. *Curriculum Journal, 12*(3), 313-345. https://doi.org/10.1080/09585170110089646

Tomlinson, B., & Masuhara, H. (2011). (Eds). *Research for materials development in language learning: evidence for best practice.* Bloomsbury Publishing.

TU Delft. (2021). Decolonising knowledge: what is decolonisation? https://sg.tudelft.nl/event/decolonising-knowledge-what-is-decolonisation/

UNESCO. (2015). Replantear la educación: ¿Hacia un bien común mundial? https://unesdoc.unesco.org/ark:/48223/pf0000232697

UNESCO. (2020). La educación en un mundo tras la COVID: nueve ideas para la acción pública https://unesdoc.unesco.org/ark:/48223/pf0000373717_spa

UNESCO. (2021). *Reimagining our futures together: a new social contract for education.*

University of Duisburg-Essen. (2020). *Sustainable development at the University of Duisburg-Essen.*

Vogt, M., Lütke-Spatz, L., & Weber, C. (2018). Nachhaltigkeit in der Hochschulforschung (beta version, pp.16-17). BMBF project "Sustainability at Higher Education Institutions: develop – network – report (HOCHN)".

Zhadko, O., & Ko, S. (2020). *Best practices in designing courses with open educational resources.* Routledge. https://doi.org/10.4324/9780429030017

Zygmunt, T. (2016). Language education for sustainable development. *Discourse and Communication for Sustainable Education, 7*(1), 112-124. https://doi.org/10.1515/dcse-2016-0008

4. Avances en didáctica

8. Una cartografía literaria de Vigo

Paula Antela Costa[1] y Marina Rabadán Gómez[2]

Resumen[3]

Este artículo recoge una propuesta consistente en la realización de una cartografía literaria llevada a cabo por estudiantes de español lengua extranjera (ELE), de nivel B2 de competencia. Una cartografía literaria (Sharp, 1904) supone el mapeo de un lugar físico a través de un texto literario. Su integración en la programación de ELE facilita que los estudiantes lean literatura contemporánea y que, a través del trazado narrativo de la obra, amplíen sus conocimientos sobre el español de diversos países hispanohablantes, identificando el contexto ficticio de la obra con un espacio real. Por otro lado, el género narrativo de la novela policíaca elegida para esta actividad permite que los estudiantes interactúen con la historia y sus personajes de forma lúdica, siguiendo sus pasos por la ciudad y formando parte de la investigación. La lectura de *Ojos de Agua* (Villar, 2011) se realiza a la vez que una serie de actividades paraliterarias que los estudiantes recogen en un portafolio a lo largo del semestre. A través de las tareas

---

1. University of Liverpool, Liverpool, United Kingdom; pau.antcos@gmail.com; https://orcid.org/0000-0002-6829-7109

2. University of Liverpool, Liverpool, United Kingdom; rabadan@liverpool.ac.uk; https://orcid.org/0000-0003-2188-0353

3. This article presents a learning activity based on the creation of a literary cartography by students of Spanish as a Foreign Language (SFL), level B2 of competence. A literary cartography (Sharp, 1904) is the mapping of a physical place through a fictional text and its use in the classroom facilitates not only the incorporation of contemporary literature in the syllabus, but it also helps students expand their knowledge of both Spanish and Spanish-speaking countries, by identifying the fictional context of the novel with a real space. On the other hand, the genre chosen for this activity –detective fiction– allows students to interact with the story and its characters in a playful way, following the steps of the protagonists through the city and being part of their investigation. Students read Ojos de Agua (Villar, 2011) at the same time as they complete as a series of paraliterary activities, which are then collected in a portfolio throughout the semester. Through the proposed tasks, different aspects of communicative competence are developed as students practice their skills and expand their knowledge, both linguistic and intercultural. The sequence of activities ends with a presentation of the cartographies for which students use a digital platform of their choice, thus integrating the development and evaluation of their digital competence and adding value to their creative abilities.

Para citar este capítulo: Antela Costa, P., & Rabadán Gómez, M. (2022). Una cartografía literaria de Vigo. En C. Soler Montes, R. Díaz-Bravo y V. Colomer i Domínguez (Eds), *Avances investigadores y pedagógicos sobre la enseñanza del español: aportes desde el contexto universitario británico* (pp. 157-171). Research-publishing.net. https://doi.org/10.14705/rpnet.2022.58.1404

Capítulo 8

propuestas se desarrollan los diferentes aspectos de la competencia comunicativa, perfeccionando habilidades y conocimientos tanto lingüísticos como interculturales. La secuencia didáctica finaliza con una presentación de las cartografías que los estudiantes realizan en la plataforma de su elección, facilitando así la evaluación de la competencia digital y añadiendo valor a sus capacidades creativas.

Palabras clave: competencia comunicativa, aprendizaje significativo, cartografía literaria, Humanidades Digitales, actividades paraliterarias.

1. Introducción

La enseñanza de lenguas extranjeras hoy en día asume como su principal objetivo el desarrollo integral de la competencia comunicativa de los estudiantes. Dicha competencia comunicativa debe permitir el intercambio oral y escrito, así como también la comprensión de textos, y facilitar al aprendiz la participación en las diversas manifestaciones culturales de las comunidades propias de la lengua meta. El uso real y situado de la lengua – en contextos relevantes para los alumnos – es un componente esencial de dicho objetivo.

Desde los años 80, profesores, investigadores y autores de materiales didácticos han reclamado la vuelta de la literatura al aula de idiomas, prácticamente eliminada con los enfoques estructuralistas y hasta cierto punto con los enfoques comunicativos. Autores como Widdowson (1983), Brumfit y Carter (1986), Lazar (1993) o Maley (2001), han establecido repetidamente que el uso de la literatura en la clase de idiomas contribuye al desarrollo del aprendizaje del uso real de la lengua, así como al desarrollo de las competencias no solo lingüística, sino también sociocultural y pragmática (Council of Europe, 2021). En esta línea, McRae (1994) indica que los textos literarios – en un amplio sentido de la definición – usan un lenguaje representativo, a diferencia de los textos no literarios, que suelen usar un lenguaje referencial, con el cual se comunica el mensaje en un solo nivel que tiende a ser esencialmente informativo. Por el contrario, el lenguaje representativo de los textos literarios involucra al alumnado y sus emociones, así como sus facultades cognitivas. Las obras literarias ayudan al alumnado a usar la imaginación, mejoran su empatía por los demás y los llevan a desarrollar su propia creatividad. Asimismo, otra ventaja del uso de la literatura frente a textos creados *ad hoc* para una unidad didáctica, según Lazar (1993), es que estimulan la motivación tanto por la lectura, como por el aprendizaje de lengua.

> "Una buena novela o relato corto puede enganchar especialmente en la medida en que implica a los alumnos en el desenmarañamiento de la trama. Esta implicación puede ser más absorbente para los estudiantes que las pseudo-narrativas que frecuentemente se encuentran en los libros de texto" (Lazar, 1993, p. 15).

Además, dada la gran variedad de géneros literarios existentes, la literatura sirve para ofrecer a los estudiantes la oportunidad de aprender sobre estrategias y recursos lingüísticos propios de dichos géneros, desde la novela hasta la publicidad, pasando por la poesía o las canciones[4]. De esta manera y dependiendo de los objetivos y necesidades de cada contexto, los profesores podemos dar a los textos literarios una gran variedad de usos en nuestras clases. Morgan (2004, p. 470) diferencia tres enfoques para introducir el texto literario en la enseñanza de lenguas:

- un **enfoque literario** donde el objetivo sea enseñar literatura y contribuir a la adquisición de la competencia literaria del alumnado;

- un **enfoque lingüístico** donde el texto literario sea utilizado como un recurso lingüístico a partir del cual aprender la lengua en uso;

---

[4]. Vale la pena aclarar aquí que el concepto de literatura que suscribimos incluye lo que tradicionalmente se ha llamado paraliteratura refiriéndose a obras que, por contraposición a la literatura canónica, son descritas según parámetros por los cuales se despreocupan de la precisión del lenguaje, tienden a consolidar esquemas repetitivos y ponen al consumidor como objeto de atención primario por encima de la importancia de la autoría (Boyer, 1992 y Couégnas, 1992 citados en Rovira-Collado y Baile-López, 2018, p. 48).

- un **enfoque creativo** que aliente al alumnado a escribir sus propios textos literarios.

La propuesta que se presenta en este artículo tiene en cuenta los tres enfoques, si bien es cierto que desarrolla especialmente el lingüístico y el creativo a través del uso de actividades paraliterarias, que culmina con la creación de las cartografías. Con el término actividades paraliterarias o de creación paraliteraria, nos referimos a actividades de producción de lengua que se desarrollan alrededor de un texto literario que funciona como eje central de dichas tareas y que a su vez proponen la creación de nuevos textos en formatos menos canónicos, como la semblanza y la cartografía, en este caso. Antes de describir la propuesta didáctica, veamos qué es una cartografía literaria y cuáles son sus ventajas en el plano pedagógico y, en especial, en la clase de ELE.

1.1. Cartografías literarias y su valor pedagógico

Los orígenes de la cartografía literaria se remontan al concepto de 'geografía literaria', término acuñado por William Sharp (1904) en su volumen *Literary Geography*, donde expresa la importancia que supone la relación del autor con su entorno a la hora de representar y transmitir una determinada localización geográfica en la obra literaria. Este concepto es posteriormente desarrollado por Franco Moretti (1999) en su obra *Atlas of the European Novel* y por Barbara Piatti, Reuschel y Hurni (2011) en *A Literary Atlas of Europe*, donde se comienza a analizar la relación entre el espacio geográfico y el texto literario hasta llegar a la definición más moderna de cartografía literaria. Más concretamente, Piatti especifica que, mientras que la geografía literaria puede ser considerada como un tema de investigación, la cartografía literaria es la metodología que nos permite analizar los diferentes espacios que encontramos en la literatura. Así, el mapeo literario permite representar un texto con el fin último de conseguir un entendimiento más profundo y analítico dentro de la estructura espacial de una historia (Taylor, Donaldson, Gregory y Butler, 2018). Una cartografía literaria consiste, por tanto, en la creación de mapas a partir del análisis de textos literarios que describen lugares geográficos reales o ficticios. A lo largo de las últimas décadas, esta metodología ha progresado hasta el punto de introducir herramientas digitales que favorecen una aproximación en 3D al espacio del texto literario, evolucionando hacia una metodología interdisciplinar dentro del marco de la intertextualidad y de las Humanidades Digitales. De esta forma, la cartografía digital que se presenta en esta propuesta no solo localiza un espacio físico real, o geoespacio, sino que comunica la ideología de los personajes y el discurso narrativo que lo rodea a través de la fusión entre el texto, la geolocalización y el análisis crítico del estudiante.

Como ya demostraron Romero Oliva y Trigo Ibáñez (2012) y más recientemente Sabarís (2019), la efectividad y las ventajas pedagógicas del uso de las cartografías literarias en el aula de ELE residen en que la creación por parte de los alumnos de estos mapas permite no solo perfeccionar sus habilidades lingüísticas en español, sino que favorece la ampliación de su conocimiento geográfico y cultural de una comunidad de habla hispana a través del texto literario. Gracias a la experiencia inmersiva que supone introducirse en el espacio ficticio de la novela por medio de la investigación sobre los lugares, reales o no, que aparecen en ella, los alumnos absorben indirectamente la cultura meta, y lo imaginario pasa a ser real, tangible. De esta forma, se contribuye a crear una experiencia de aprendizaje más significativo de lo que sería la lectura de la novela sin esta contextualización. Además, el carácter visual de los mapas ayuda a los estudiantes a recordar el contenido de la narrativa a la vez que la información sociocultural que la rodea, como si de un mapa conceptual se tratase, permitiendo una mejor asimilación de dicha información.

Por medio de la creación de la cartografía literaria digital los estudiantes analizan dos espacios paralelos: por un lado, el recorrido que hacen los protagonistas de la novela por sus escenarios ficticios y, por otro, el geoespacio, es decir, el Vigo real, junto con su contexto histórico y cultural que inspiró el espacio imaginario de la novela. Asimismo, esta propuesta puede englobarse dentro del marco de las Humanidades Digitales. Si bien este concepto engloba una gran cantidad de estudios y es hasta cierto punto ambiguo en el campo de la investigación (Pitman y Taylor, 2017; Terras, Nyhas y Vanhoutte, 2013), desde un punto de vista pedagógico permite asociar los diferentes aspectos del currículum de lenguas y humanidades con una introducción al mundo tecnológico en el aula, algo que cada vez sucede de manera más natural fuera del aula y que por lo tanto consideramos útil para nuestros estudiantes. Mediante la creación de estos mapas digitales los alumnos usan la lengua no solo como medio de expresión, sino también como herramienta para acercarse al espacio, la cultura y las tradiciones, analizando la identidad de una comunidad real con lengua propia – en este caso, el español y el gallego – gracias a tecnologías y aplicaciones que hacen que la inmersión lingüística y cultural sea posible incluso cuanto dicha inmersión no es física. En palabras de Fitzpatrick (2012): "[t]he particular contribution of the Digital Humanities, however, lies in its exploration of the difference that the digital can make to the kinds of work that we do as well as to the ways that we communicate with one another" (p.14, citada en Pitman y Taylor, 2017).

1.2. Ojos de agua

La novela escogida para la realización de esta tarea es la primera de una serie policial del conocido autor gallego Domingo Villar (2011): *Ojos de agua*. La obra gira en torno a la investigación por parte de dos policías del asesinato de un músico en la ciudad de Vigo. Ambientada en la ciudad olívica, la novela recorre la urbe y sus alrededores buscando pistas que ayuden a encontrar al asesino.

La elección de una novela contemporánea de género policíaco no fue al azar. La novela negra detectivesca comparte muchas de sus características con las bases de la gamificación, metodología que, generalmente, motiva al alumnado joven y que además favorece un aprendizaje significativo de la lengua (Sabarís, 2019). La novela está narrada desde la perspectiva del protagonista, el inspector Leo Caldas, lo cual propicia que el lector solo pueda seguir los pasos de Caldas, inmiscuyéndose a veces en sus pensamientos y experimentando una inmersión en un recorrido que llega a convertirse en un juego: buscar pistas y formular hipótesis para descubrir al asesino. Esto hace que el alumno tenga la sensación de ser también protagonista de la historia, incluso identificándose como "el tercer policía". Esta colectividad de los protagonistas, de la que el propio alumno llega a formar parte, fomenta su motivación a la lectura y le permite alcanzar un grado elevado de implicación. Como consecuencia, se produce un aprendizaje más profundo, al ir elaborando sus teorías a partir del análisis crítico de los diferentes personajes y sus relaciones personales.

2. Propuesta didáctica

2.1. Contexto académico y objetivos

Esta propuesta didáctica fue llevada a cabo con estudiantes universitarios de segundo curso y en un contexto de enseñanza en línea. Los objetivos de la asignatura de lengua española en la que se implementó la propuesta están alineados con el nivel B2 del Council of Europe (2021) y se muestran en la Tabla 1. Se desarrollaron y evaluaron específicamente los criterios destacados.

Tabla 1.   Descripción de objetivos de la asignatura anclados al nivel B2 del Council of Europe (2021)

Skills	Descriptors
Listening	I can understand extended speech and lectures and follow even complex lines of argument provided the topic is reasonably familiar. I can understand most TV news and current affairs programmes. I can understand the majority of films in standard dialect.
Reading	I can read articles and reports concerned with contemporary problems in which the writers adopt particular attitudes or viewpoints. I can understand contemporary literary prose.
Spoken interaction	I can interact with a degree of fluency and spontaneity that makes regular interaction with native speakers quite possible. I can take an active part in discussion in familiar contexts, accounting for and sustaining my views.
Spoken production	I can present clear, detailed descriptions on a wide range of subjects related to my field of interest. I can explain a viewpoint on a topical issue giving the advantages and disadvantages of various options.
Writing	I can write clear, detailed text on a wide range of subjects related to my interests. I can write an essay or report, passing on information or giving reasons in support of or against a particular point of view. I can write letters highlighting the personal significance of events and experiences.

Las diferentes tareas que componen esta propuesta se reparten a lo largo de un semestre y se recogen en un portafolio cuyo objetivo final es la creación de una cartografía literaria de la ciudad de Vigo que incluya los espacios recorridos junto con los policías protagonistas de la novela. Dichas tareas están diseñadas para ser entregadas de manera escalonada a lo largo del semestre y así incentivar y apoyar al alumnado en el proceso de lectura. Las tareas 1 y 2 ayudan al alumnado a preparase para la realización de la tarea 3, que es la tarea final del portfolio, la cartografía. Las instrucciones y fechas de entrega de cada tarea están disponibles desde la primera semana del semestre, de manera que, con dicha información, son los estudiantes los que deben gestionar el tiempo y los recursos necesarios para la preparación de cada tarea, con lo que se busca potenciar su autonomía también desde un punto de vista trasversal.

Además, como parte de la evaluación de la expresión e interacción oral de la asignatura, los estudiantes realizan una presentación de sus cartografías literarias digitales, consiguiendo así la integración de todas las destrezas de la lengua en esta propuesta.

2.2. Tarea 1

Pulverness (2003) nos recuerda la importancia de las actividades de prelectura en el aula de lenguas, ya que estas son un valioso recurso para ayudar al alumnado a enfrentarse a un texto, especialmente a uno tan extenso como una novela. Aunque esta primera tarea no es estrictamente una actividad de prelectura, comparte con estas la función de contextualizar la lectura y de facilitar un primer acercamiento al texto. La tarea consiste en una actividad de comprensión audiovisual a partir de un clip (Turismo de Vigo, 2020) de promoción turística sobre la ciudad de Vigo para que los alumnos se familiaricen con el contexto geográfico de la novela. Además, incluye un resumen por parte del alumnado de los ocho primeros capítulos de la novela (aproximadamente un tercio de la misma). Para enfatizar su valor contextualizador, es clave que esta primera tarea se realice en las primeras semanas del semestre y que se trate de una actividad sencilla, que motive a los estudiantes a comenzar con la lectura poco a poco y que les ayude a visualizar los lugares que ya han aparecido o que van a ir descubriendo en el texto. Se practican tanto la comprensión auditiva como la comprensión lectora y la expresión escrita.

2.3. Tarea 2

En esta tarea los alumnos realizan una semblanza de los personajes principales – el inspector Leo Caldas y el agente Rafael Estévez – y un resumen de los siguientes ocho capítulos de la novela. Una semblanza es una biografía de poca extensión, que no abunda en datos históricos, sino que presenta información sobre el carácter y la personalidad del individuo o personaje; las semblanzas utilizan acontecimientos en la vida de alguien como ejemplos para describir su personalidad. El objetivo principal de esta tarea es que los estudiantes analicen el carácter y la personalidad de los protagonistas a través de ejemplos de situaciones o conversaciones de la novela. Ambos personajes provienen de distintas zonas de España (Caldas es de Vigo y Estévez de Zaragoza) y el autor se vale de estereotipos regionales y rasgos culturales de cada una de estas zonas geográficas para describirlos. Para escribir sus semblanzas, los alumnos tienen que investigar sobre estos estereotipos regionales para así entender los malentendidos culturales que se producen entre los protagonistas. Así, llegan a empatizar con ambos personajes, desarrollando al mismo tiempo su conciencia intercultural.

Se podría afirmar que el dúo Caldas-Estévez recuerda a los famosos Sherlock Holmes y Watson: dos personalidades opuestas cuyas diferencias, sin embargo, encajan a la perfección a la hora de juntar las piezas del puzle para dar con el asesino. Basándonos en la conocida teoría de 'el viaje del héroe' de Joseph Campbell (1972), podemos identificar a Caldas como ese 'héroe' de carácter individual y cerrado, cuya vida personal apenas conocemos, que dedica sus días a cumplir la misión que se le encomienda (descubrir quién mató a Luis Reigosa). Por otra parte, Estévez representa a la figura del 'bufón', que acompaña al héroe en su aventura, aportando un toque de humor a las situaciones que se presentan en el camino.

2.4. Tarea 3

En esta última tarea los alumnos elaboran la cartografía literaria digital de la novela a través del análisis de los textos que describen los lugares que van apareciendo a lo largo de la investigación. Para la realización de esta tarea se les facilita a los estudiantes una lista de las localizaciones de la historia divididas en varias categorías, al estilo de una guía de viajes: 'Vigo urbano', 'Museos y lugares de interés cultural', 'Servicios públicos y transporte', 'Bares y restaurantes' y 'Zonas de los alrededores (playa y zona rural)'. De esta lista, seleccionan al menos un lugar de cada categoría y elaboran una cartografía con al menos ocho lugares diferentes. Los alumnos tienen que hacer la cartografía utilizando la herramienta digital de su elección (GoogleMaps, Genially, Canva, Prezi…). En el mapa, sitúan los lugares seleccionados y para cada uno de ellos escriben una entrada, a modo de guía turística, en la que incluyen:

- un fragmento de la novela en el que se describa la localización;

- un análisis crítico de la relevancia que tiene ese lugar para la investigación, relacionándolo con otros lugares, personajes o con pistas que encuentran allí;

- una descripción detallada de la localización, para la que tendrán que llevar a cabo un trabajo de investigación y búsqueda de información con el fin de determinar si cada uno de los lugares de su cartografía es un lugar real o si se trata de un lugar imaginario. De ser este el caso, deben justificar un posible equivalente real que crean que haya podido servir de inspiración al autor para la creación del lugar ficticio.

El objetivo principal de esta tarea es que los alumnos sean capaces de mapear el texto literario utilizando diferentes estrategias y herramientas y así recrear los pasos de los inspectores por la ciudad, desde la perspectiva de una ruta turística literaria. Así, los estudiantes perfeccionan sus habilidades lingüísticas, y también su capacidad crítica, su creatividad, su competencia digital y su capacidad de investigación y búsqueda de información. Con sus cartografías digitales, los estudiantes demuestran que han comprendido el contenido, las descripciones y las indicaciones geográficas que se incluyen en la novela, lo cual nos permite evaluar su comprensión lectora. Además, desarrollan su capacidad de inferencia y deducción crítica, al mismo tiempo que se trabaja la competencia intercultural, por ejemplo, a través de la identificación de la toponimia gallega. Respecto a los lugares que los alumnos van identificando, surge la necesidad de detectar cuáles son meramente ficticios y cuáles existen en la realidad (geoespacio)[5]. Como indica Piatti, Reuschel y Hurni (2009), existen varios grados de adaptación de los lugares reales al texto literario, usando técnicas como cambiar el nombre, modificar aspectos de la descripción o crear un lugar ficticio 'por encima' de otro ya existente en la realidad. Esto resulta especialmente interesante, ya que de esta forma los alumnos deconstruyen el espacio ficticio para realizar hipótesis sobre el lugar real en el que se basó el autor durante el desarrollo de la tarea.

Finalmente, los alumnos también realizan una presentación oral explicando tanto las razones por las que han seleccionado cada uno de los lugares, como el análisis crítico y de geolocalización que han llevado a cabo en la realización de la tarea, perfeccionado así sus habilidades como mediadores intertextuales, en este caso, entre el texto ficticio y los textos 'reales' que hayan encontrado en su investigación.

2.5. Evaluación

Las diferentes tareas que componen la actividad se reparten a lo largo del semestre y conforman un portfolio cuyo objetivo final es la creación de una cartografía literaria de la ciudad de Vigo que incluya los espacios recorridos junto con los policías protagonistas de la novela, así como un análisis del significado de estos lugares en la historia. Dichas tareas están diseñadas para ser entregadas de manera escalonada a lo largo del semestre y así incentivar y apoyar a los estudiantes en el proceso de lectura.

Desde el punto de vista logístico, las tareas se entregan de manera progresiva en las semanas 3, 6 y 12 del semestre, a través de la plataforma digital de la universidad, facilitando así la evaluación continua de los estudiantes. Cada

---

[5]. El concepto de "geoespacio" o "geospace" fue introducido inicialmente por Piatti y Hurni y aparece citado en Cooper, Donaldson y Murrieta-Flores (2016, p. 164) para expresar lo siguiente: "the physically comprehensible world can become insinuated into the literary world, and vice versa. It is when we focus on elisions between 'geospace' and 'fictional space' that the possibility for entanglements between the text and territory begins to emerge".

tarea está vinculada a un porcentaje de la nota del portfolio en función de su complejidad, como se indica en el Figura 1. Junto con las tareas escritas, la presentación de la cartografía permite integrar la evaluación de todas las destrezas de lengua, así como de las competencias sociocultural y pragmática de los estudiantes a través de su capacidad de inferencia y análisis crítico de la obra y su contexto.

Figura 1. Evaluación de las tareas paraliterarias

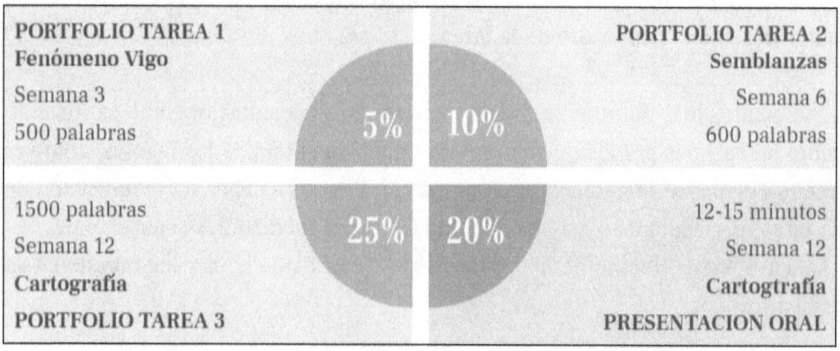

PORTFOLIO TAREA 1 Fenómeno Vigo Semana 3 500 palabras	5%	10%	PORTFOLIO TAREA 2 Semblanzas Semana 6 600 palabras
1500 palabras Semana 12 Cartografía PORTFOLIO TAREA 3	25%	20%	12-15 minutos Semana 12 Cartogtrafía PRESENTACION ORAL

3. Conclusiones

La propuesta aquí presentada consiste en la elaboración de tres tareas a partir de la lectura de la novela *Ojos de agua* (Villar, 2011). Las tres tareas van aumentando en complejidad hasta llegar a la tarea final, la cartografía literaria digital. Esta actividad facilita a los estudiantes una inmersión geográfica y cultural en la ciudad de Vigo a través de los escenarios de la novela ya que, para completar la cartografía, no solo basta con leer (y entender) el libro, sino que los estudiantes tienen que usar otras herramientas y fuentes para recabar información sobre la ciudad y sus alrededores. En este sentido, el uso de dichas herramientas de geolocalización, como Google Maps, representa un paso más en el uso de materiales auténticos y el desarrollo de la autonomía del estudiante, puesto que dichas herramientas no son aplicaciones diseñadas para el aprendizaje de la lengua y no están prescritas por las instrucciones de la tarea. Así, reproducimos un comportamiento más que frecuente en la vida real, en el que usando nuestros dispositivos móviles, podemos recorrer un espacio desconocido sin apenas apartar la vista de nuestro teléfono. Esto tiene sus ventajas, desde luego, pero también ha provocado que desaparezca ese componente de observación del espacio, de lo desconocido, o incluso la posibilidad de descubrir lugares inesperados al no seguir correctamente las indicaciones que un viandante nos proporcionó en una lengua extranjera. Fuera del aula, herramientas como Google Maps facilitan que se pierda el contacto físico, en todos los sentidos, con el lugar que queremos descubrir. Paradójicamente, estas mismas herramientas digitales son las que en el aula y desde un enfoque correcto permiten a nuestros estudiantes la recreación de una ruta turística tradicional en formato digital. El uso de estas herramientas les permite observar, mirar a su alrededor, analizar el espacio y 'perderse' en Vigo para encontrar y localizar aquellos lugares que aparecen en la novela y que ya habían definido previamente en el espacio de su imaginación.

Desde el punto de vista de los objetivos didácticos del curso, la realización de las actividades paraliterarias y especialmente de la cartografía que integran esta propuesta facilitan a los estudiantes el desarrollo de la competencia comunicativa no solo desde el punto de vista lingüístico, sino también desde las perspectivas pragmática y sociocultural, guiándolos en el descubrimiento de la ciudad, sus paisajes, historia, gastronomía e idiosincrasia, a través de la intertextualidad literatura-geografía y gracias al enfoque multidisciplinar de las tareas.

Finalmente, la evaluación de las tareas por parte de los estudiantes confirma que estas contribuyeron a mantener la motivación durante la lectura y crear una experiencia de aprendizaje significativo gracias a la novedad de las herramientas y los formatos usados; la extensión y complejidad de las tareas, que fue aumentando a lo largo del semestre, y a la posibilidad de desarrollar una investigación práctica sobre un lugar real, lo cual les permitió adquirir conocimientos no solo literarios, sino también logísticos y prácticos sobre este rincón de España, que algunos tienen la oportunidad de visitar o en el que pasan su periodo de residencia en el extranjero.

Referencias bibliográficas

Boyer, A. M. (1992). *La paralittérature*. Presses Universitaires de France.

Brumfit, C. J., & Carter, R. A. (1986). *Literature and language teaching*. Oxford University Press.

Campbell, J. (1972). *A hero with a thousand faces*. Princeton University Press.

Council of Europe. (2021). *Common European framework of reference for languages: learning, teaching, assessment. Companion volume*. Council of Europe Publishing. https://rm.coe.int/common-european-framework-of-reference-for-languages-learning-teaching/16809ea0d4

Cooper, D., Donaldson, C., & Murrieta-Flores, P. (2016). (Eds). *Literary mapping in the digital age*. Routledge. https://doi.org/10.4324/9781315592596

Couégnas, D. (1992). *Introduction a la paralittérature*. Editions du Seuil.

Fitzpatrick, K. (2012). The humanities, done digitally. In M. K. Gold (Ed.), *Debates in the digital humanities* (pp. 12-15). University of Minnesota Press.

Lazar, G. (1993). *Literature and language teaching. A guide for teachers and trainers*. Cambridge University Press. https://doi.org/10.1017/CBO9780511733048

Maley, A. (2001). Literature in the language classroom. In R. Carter & D. Nunan (Eds), *The Cambridge guide to teaching English to speakers of other languages*. Cambridge University Press. https://doi.org/10.1017/CBO9780511667206.027

McRae, J. (1994). *Literature with a small 'l'*. Macmillan Education.

Moretti, F. (1999). *Atlas of the European novel, 1800-1900*. Verso Books.

Morgan, C. (2004). Poetry. In M. Byram (Ed.), *Routledge encyclopedia of language teaching and learning* (pp. 122-124). Routledge.

Piatti, B., Reuschel, A. K., & Hurni, L. (2009). Literary geography – or how cartographers open up a new dimension for literary studies [CD Rom]. In *Proceedings of the 24th International Cartography Conference, Chile*.

Piatti, B., Reuschel, A. K., & Hurni, L. (2011). A literary atlas of Europe - analysing the geography of fiction with an interactive mapping and visualisation system. In *Proceedings of the 25th International Cartographic conference* (pp. 3-8).

Pitman, T., & Taylor, C. (2017). Where's the ML in DH? And where's the DH in ML? The relationship between modern languages and digital humanities, and an argument for a critical DHML. *Digital Humanities Quarterly, 11*(1). http://www.digitalhumanities.org/dhq/vol/11/1/000287/000287.html

Pulverness, A. (2003). Literature. *English Teaching Professional, October*(29).

Romero Oliva, M. F., & Trigo Ibáñez, E. (2012). Las rutas literarias: una estrategia de carácter competencial para la educación literaria dentro y fuera del aula. SEDLL, Lenguaje y Textos, *35*, 63-71.

Rovira-Collado, J., & Baile-López, E. (2018). Fuerza y superpoderes de los lectores en universos transmedia comerciales: libros y cómics en The Avengers y Star Wars. In J. Segarra-Saavedra, T. Hidalgo-Marí & R. Rodríguez-Ferrándiz (Eds), *Actas de las Jornadas Científicas Internacionales sobre Análisis del discurso en un entorno transmedia* (pp. 45-59). Universidad de Alicante, 16 y 17 de noviembre de 2017.

Sabarís, X. N. (2019). Vigo noir. Xeografías literarias e relacións intersistémicas na novela negra galega. *Tintas. Quaderni di Letterature iberiche e iberoamericane, 8*, 105-120.

Sharp, W. (1904). *Literary geography*. Offices of the Pall Mall Publications.

Taylor, J. E., Donaldson, C. E., Gregory, I. N., & Butler, J. O. (2018). Mapping digitally, mapping deep: exploring digital literary geographies. *Literary Geographies, 4*(1), 10-19.

Terras, M., Nyhas, J., Vanhoutte, E. (2013). (Eds). *Defining digital humanities: a reader.* Routledge.

Turismo de Vigo. (2020). *El Fenómeno Vigo. No intentes explicarlo. ¡Vívelo!* https://www.youtube.com/watch?v=X-8vKpWQTEw

Villar, D. (2011). *Ojos de agua*. Siruela.

Widdowson, H. G. (1983). Talking shop: literature and ELT. *ELT Journal, 37*(1), 30-35. https://doi.org/10.1093/elt/37.1.30

9 La enseñanza de Español como Lengua Extranjera en ambientes híbridos de aprendizaje

Alfonso Hernández-Torres[1]

Resumen[2]

Los ambientes híbridos de aprendizaje ofrecen la oportunidad a los estudiantes de lenguas extranjeras de desenvolverse en diversos contextos de la vida real, integrando diferentes actividades comunicativas de la lengua. El desarrollo de la competencia digital docente es fundamental para guiar a los alumnos en estos nuevos entornos y saber rentabilizar las herramientas tecnológicas dentro y fuera del aula. En esta propuesta didáctica vamos a presentar diferentes actividades con buenos resultados, que hemos pilotado con alumnos de Español como Lengua Extranjera en línea y de diferentes niveles. Partimos de la experiencia para la construcción del conocimiento que después servirá para llevar a cabo un producto final que se pueda usar en un determinado contexto de comunicación (la grabación de un vídeo para compartir nuestra serie favorita, una infografía de una lectura, un libro de micro relatos o un cuestionario para evaluar a nuestros compañeros). Para estos productos hemos usado diversos recursos digitales (Bookcreator, Genial.ly o Flipgrid) en los que ha

1. Instituto Cervantes, London, United Kingdom; alfonso.hernandez@cervantes.es; https://orcid.org/0000-0003-2078-3666

2. Hybrid learning environments offer foreign language students the opportunity to function in various real-life contexts, integrating different communicative activities of the language. The development of the digital teaching competence is essential to guide students in these new environments and to know how to make the technological tools profitable, inside and outside the classroom. In this pedagogical practice, we are going to present different activities with good results, which we have piloted with students of Spanish as a foreign language online and at different levels. We start from the experience for the construction of knowledge that will later serve to develop a final product that can be used in a certain communication context (the recording of a video to share our favorite series, an infographic of a reading, a book of micro stories or a questionnaire to evaluate our classmates). For these products, various digital resources (Bookcreator, Genial.ly or Flipgrid) have been used. The teacher's mediation has been essential for the development of the task. On the one hand, a digitally competent teacher, flexible and capable of adapting to technological changes is presented and, on the other hand, a creative student who is responsible for his own learning process.

Para citar este capítulo: Hernández-Torres, A. (2022). La enseñanza de Español como Lengua Extranjera en ambientes híbridos de aprendizaje. En C. Soler Montes, R. Díaz-Bravo y V. Colomer i Domínguez (Eds), *Avances investigadores y pedagógicos sobre la enseñanza del español: aportes desde el contexto universitario británico* (pp. 173-189). Research-publishing.net. https://doi.org/10.14705/rpnet.2022.58.1405

sido fundamental la mediación del profesor para el desarrollo de la tarea. Por un lado, presentamos un profesor competente digitalmente, flexible y capaz de adaptarse a los cambios tecnológicos y, por otro lado, un alumno creativo y responsable de su propio proceso de aprendizaje.

Palabras clave: Español como Lengua Extranjera, tecnología, actividades híbridas, aprendizaje combinado, enfoque por tareas.

1. Introducción

El aprendizaje de una lengua extranjera responde a un proceso automatizado que se adquiere con el uso (Granena, 2016; Segalowitz, 2003). Según Krashen (2003), la adquisición de una lengua extranjera se produce de forma inconsciente, a diferencia del aprendizaje que se da de forma consciente y que se consolida con la práctica en contextos de comunicación de la vida real. Las tecnologías favorecen el aprendizaje de una lengua extranjera y cobran un papel primordial debido a las grandes posibilidades que nos ofrecen. En primer lugar, las aplicaciones móviles, que pueden servir para la práctica de un idioma y, en segundo lugar, las páginas en internet que ofrecen recursos que se pueden usar con fines didácticos. Tanto las aplicaciones móviles como la diversidad de sitios web ofrecen herramientas que ayudan a practicar una lengua en diversos escenarios y mejoran la competencia lingüística de los usuarios (Bustamante, 2020; Castañeda, 2021; Fernández Martín, 2018; Filiz y Benzet, 2018; Hernández Muñoz y Román-Mendoza, 2018; Juan-Lázaro y Alejaldre Biel, 2020; López García, 2015; Noa et al., 2022; Wu, 2021).

En este trabajo pretendemos avanzar en la investigación sobre la enseñanza de lenguas con tecnologías, en concreto, el Español como Lengua Extrajera (ELE), y queremos aportar más evidencias para ayudar a demostrar cómo los estudiantes pueden mejorar su aprendizaje desde este punto de vista metodológico. A partir de las actividades que integran tecnologías mostramos cómo estas dinámicas ayudan a mejorar la asimilación de contenidos lingüísticos y paralingüísticos dentro del proceso de aprendizaje de la lengua meta, y cómo estas tareas sirven, por una parte, para desarrollar la competencia digital de los alumnos y, por otra parte, para explorar otras vías de aprendizaje tanto dentro como fuera del aula que llevan a la superación de los objetivos y al crecimiento de los estudiantes dentro de la zona de su desarrollo próximo (Vygotsky, 1978).

Las tecnologías de la información y la comunicación (TIC) han tenido una gran importancia en la enseñanza de lenguas extranjeras y han sido fundamentales, en un orden, para el desarrollo de las actividades comunicativas de la lengua como la interacción escrita y oral (Consejo de Europa, 2021; INTEF, 2017) y en otro orden, para el desarrollo del aprendizaje autónomo con el desempeño de actividades que integran recursos digitales desde la 1.0, la web de las empresas e instituciones, la 2.0 la web de las redes sociales, hasta la 3.0, la web de la atención al usuario (Hernández Torres, 2009). Hoy hemos evolucionado a una web 4.0, en la que ha surgido la necesidad de utilizar la tecnología para desarrollar actividades en las que se pueden compartir un espacio físico y virtual entre los usuarios y los espacios híbridos de aprendizaje que también pueden ser exclusivamente virtuales (Baritz y Lanners-Kaminski, 2020; Pozo, 2018).

Este estudio lo hemos estructurado en tres partes: en la primera parte presentamos algunas de las actividades que hemos diseñado o adaptado para ambientes híbridos de aprendizaje; en la segunda parte, realizamos un análisis de los recursos tecnológicos utilizados en las actividades a partir de la experiencia práctica y de acuerdo con los productos finales como resultado de dichas actividades; la tercera parte está dedicada a la discusión y conclusiones.

2. Las actividades para ambientes híbridos como propuesta metodológica

En esta propuesta hemos usado materiales didácticos, adecuados a los niveles de referencia A1, A2, B1 y B2 (Instituto Cervantes, 2006) propios y adaptados de otros autores (García, 2021; Martín y Sans, 2013a, 2013b; Martín et al., 2013;

Olivé, 2020; Talavera, 2021). Algunos de ellos no siempre estaban diseñados para ELE y tampoco originalmente para su uso con tecnologías y, en la mayoría de los casos, hemos tenido que modificar la actividad para que pudiera funcionar en ambientes híbridos de aprendizaje que son aquellos espacios en los que podemos realizar tareas con tecnologías, tanto en una clase en línea, en la que los estudiantes se encuentran en remoto, como en una clase presencial, en la que puede haber alumnos presenciales y en línea.

Para el diseño y adaptación de actividades a un formato híbrido, hemos tenido en cuenta como profesores, primero, que las tareas impliquen a los alumnos en el desarrollo de su aprendizaje, segundo, que nos ayuden a mantener al grupo motivado, tercero, que fomenten el trabajo colaborativo, cuarto, que recojan contenidos cercanos a los estudiantes, y quinto, que sean prácticas útiles con un producto final que los estudiantes puedan usar en los diferentes contextos de comunicación de la lengua meta.

Nuestra investigación la llevamos a cabo en varios grupos ya existentes de nivel A1, A2, B1 y B2 de alumnos de español del Instituto Cervantes de Londres a lo largo del año académico 2020/2021. En cada una de las actividades hemos partido de la experiencia de los estudiantes (adultos con estudios universitarios) para la presentación de los contenidos (ligados a objetivos lingüísticos, culturales o paralingüísticos), con un producto final útil (formulario, vídeo, cartel, infografía, imagen interactiva, informe, reseña, libro) integrado en un contexto de comunicación de la vida real. Como docentes debemos tener en cuenta que para llevar a cabo este tipo de actividades en el aula de ELE en ambientes híbridos de aprendizaje es necesario, por una parte, definir las características que tienen que reunir y, por otra parte, explicar cuáles son las estrategias de mediación necesarias para llevarlas a cabo. Las seis características que reúnen estas actividades son presentadas en la Figura 1. Primero, atienden a lo personal y pertenecen al universo común de los alumnos; segundo, crean conciencia de grupo; tercero, sirven para compartir experiencias de aprendizaje; cuarto, incentivan a los estudiantes para que hablen y escriban; quinto, crean lazos de unión entre los estudiantes y sexto, los incentivan a que aprendan unos de los otros.

Figura 1. Características de las actividades híbridas (Hernández-Torres, 2022)

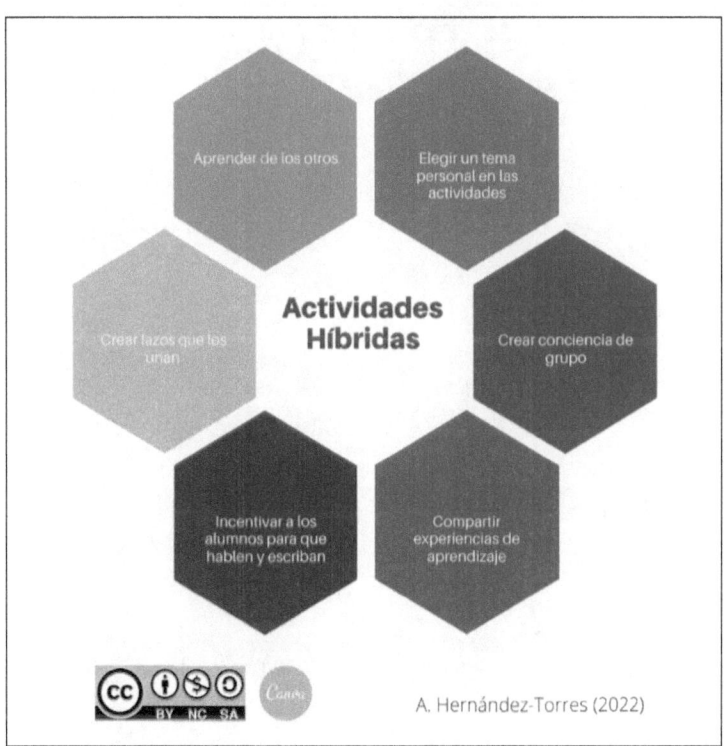

Estos criterios son trasversales a todas las actividades que presentamos, por lo que se refiere al desarrollo de contenidos de acuerdo con los niveles lingüísticos (léxicos, gramaticales) y culturales (literatura en español), y en relación con otros objetivos paralingüísticos (la cohesión grupal o la mejora del ambiente de aprendizaje). Estos principios nos sirven como punto de partida que explica el proceso de mediación llevado a cabo por el profesor y el trabajo que han desarrollado los estudiantes con la elaboración de los productos finales en un formato digital. Las herramientas en línea, en primer lugar, ayudan a los alumnos a transferir lo aprendido en clase y en segundo lugar son recursos que los profesores disponen para diversificar las tareas y ofrecer otras oportunidades de aprendizaje a sus estudiantes.

Figura 2. Estrategias de mediación del profesor (Hernández-Torres, 2022)

En la Figura 2 destacamos cinco estrategias de mediación que están presentes en el profesor cuando utiliza tareas que integran tecnologías: (1) presentar instrucciones claras y una rica batería de preguntas que coopere con el avance de la tarea; (2) facilitar a los alumnos los recursos necesarios que les ayuden a llevar a cabo la actividad y pedir o nombrar un voluntario que lleve el producto a un formato digital; (3) supervisar los grupos y realizar un seguimiento de la tarea (es un buen momento para motivarlos y ayudarles, dar pistas, pedir que compartan pantalla, etc.); (4) corregir los textos que producen en un documento compartido (Google Docs); (5) reflexionar con los alumnos mediante un mensaje por la propia aplicación que han usado o a través de la plataforma de comunicación de aula (Edmodo) tanto si la tarea es individual o en grupo. Otra forma de construir aprendizaje es realizar algo más con los productos que han realizado los alumnos, por ejemplo, crear un mapa conceptual con las ideas más importantes de las que ha hablado cada uno de los estudiantes. De esta forma, las actividades quedan abiertas a la reflexión y pueden tener otros objetivos que el profesor no se ha planteado al comienzo.

En la mayoría de las actividades que proponemos los alumnos tienen que preparar un borrador previo en el documento en línea (Google Docs), por ejemplo, el guion que elaboran antes de la grabación de un vídeo o el texto que escriben antes de publicarlo en un libro es supervisado por el tutor (que puede hacer también uso de rúbricas de evaluación).

A continuación, presentamos una selección de las actividades que hemos usado en nuestra investigación y que clasificamos en dos tipos, en primer lugar, actividades con objetivos lingüísticos y culturales, y, en segundo lugar, actividades con objetivos paralingüísticos.

2.1. Objetivos lingüísticos y culturales

Las actividades que presentamos en este apartado recogen contenidos lingüísticos y culturales de los niveles B1 y B2. Estas tareas tienen como objetivo ayudar a los estudiantes en el aprendizaje de ELE y a los profesores a usar los recursos tecnológicos. En suma, que los alumnos tengan oportunidades de aprendizaje en otros contextos de enseñanza y que el uso de las TIC favorezca el desarrollo de las facultades cognitivas del alumno para el aprendizaje de una lengua extranjera. Además de colaborar con el desarrollo de la competencia digital del profesor y del alumno (Juan-Lázaro y Alejaldre Biel, 2020).

Actividad 1:	Mi serie favorita
Nivel:	B1
Actividades comunicativas de la lengua:	Comprensión, expresión e interacción escrita y comprensión, expresión e interacción oral.
Objetivos:	Contar el argumento de una serie.
Contenidos:	Presente de indicativo, pretérito imperfecto e indefinido.
Tiempo:	30 minutos.
Agrupamiento:	Individual.
Recurso tecnológico:	Vídeo (Flipgrid).
Descripción:	Los alumnos, individualmente, preparan un guion para la grabación de un vídeo (2 minutos) en el que tienen que contar el argumento de la última película (o serie) que han visto (para practicar el presente de indicativo y el contraste del imperfecto y el indefinido). A continuación, graban un vídeo fuera de clase en el que pueden usar dibujos o su propia imagen. Por último, tienen que dejar un comentario en los vídeos de los compañeros con una valoración y una pregunta.

Actividad 2:	Los consejos de nuestra clase
Nivel:	B1
Actividades comunicativas de la lengua:	Comprensión, expresión e interacción escrita y comprensión, expresión e interacción oral.
Objetivos:	Recomendar y advertir.
Contenidos:	Imperativo.
Tiempo:	60 minutos.
Agrupamiento:	Individual y grupo clase.
Recurso tecnológico:	Libro virtual (Bookcreator).
Descripción:	Primero, todo el grupo decide el título del libro de consejos (el confinamiento, atención plena, cocina saludable, bienestar etc.); segundo, individualmente escriben un consejo en el libro virtual de la clase.

Actividad 3:	El influencer
Nivel:	B2
Actividades comunicativas de la lengua:	Comprensión, expresión e interacción escrita y comprensión, expresión e interacción oral.
Objetivos:	Expresar probabilidad.
Contenidos:	Creo que + indicativo, es posible que + subjuntivo, tal vez + indicativo/subjuntivo.
Tiempo:	15 minutos.
Agrupamiento:	Individual.
Recurso tecnológico:	Red social de fotos (Instagram).
Descripción:	Primero, los alumnos individualmente tienen que identificarse con un personaje de la novela que están leyendo o inventarse un personaje relacionado con el tema del libro y asociarlo con una imagen. Segundo, en una red social de fotos publican la imagen con preguntas dirigidas a sus compañeros para que formulen hipótesis (¿dónde estoy?, ¿qué pensáis que ha sucedido?, ¿qué pensáis que haré ahora?, ¿qué pensáis que sucederá después?). Tercero, cada alumno tiene que intervenir, al menos una vez, en las publicaciones de los compañeros.

Actividad 4:	Historias para pensar
Nivel:	B2
Objetivos:	Contar historias.
Contenidos:	Pretérito imperfecto, indefinido y condicional compuesto.
Tiempo:	30 minutos.
Agrupamiento:	Individual.
Recurso tecnológico:	Red social de fotos (Flickr) y libro virtual (Bookcreator)
Descripción:	Los alumnos, individualmente, eligen una foto de cada galería (mujeres, objetos y reflexión) que les servirá de inspiración para escribir su relato (en el que tienen que usar estructuras con condicional compuesto). Las tres fotos deben estar conectadas. La historia más original gana un premio.

Actividad 5:	El club de lectura
Nivel:	B2
Actividades comunicativas de la lengua:	Comprensión, expresión e interacción escrita y comprensión, expresión e interacción oral.
Objetivos:	Valorar un texto literario, incentivar a la lectura y conocer literatura en español.
Contenidos:	Organizadores discursivos (por tanto, etc.) y construcciones concesivas (sin embargo, a pesar de que, etc.).
Tiempo:	60 minutos.
Agrupamiento:	Individual y grupo clase.
Recurso tecnológico:	Red social de lectores (Goodreads), Infografía (Genial.ly) y juego para la evaluación de la lectura (Educaplay).
Descripción:	Esta actividad tiene varias fases: la primera, 'El club de lectura', los alumnos, después de leer Un día de estos de Gabriel García Márquez dejan una reseña en un foro de discusión que hemos creado para esta finalidad (Goodreads), respondiendo a la pregunta: ¿qué te ha parecido la lectura? Para generar mayor debate podemos preparar una batería de preguntas (¿cuál podría ser otro final alternativo de la historia?, ¿os identificáis con algún personaje?); a continuación, en una segunda fase, realizan un cuestionario (Educaplay) para comprobar si han entendido la lectura; por último, con el grupo clase, el profesor realiza una infografía (Genial.ly) para sintetizar las principales características de los personajes y los temas del texto en el inicio, desarrollo y cierre.

2.2. Objetivos paralingüísticos

Las actividades que presentamos a continuación tienen un objetivo paralingüístico y ayudan tanto al profesor como al alumno a mejorar el ambiente de aprendizaje y fomentar la cohesión grupal. El uso de la tecnología en estas actividades explora estos ámbitos relacionados con la psicología y las emociones.

Actividad 1:	La música es terapéutica
Nivel:	B2
Objetivos:	Mejorar el ambiente de clase.

Contenidos:	Estructuras para intensificar (lo que más me gusta) y expresar deseos (me gustaría).
Tiempo:	30 minutos.
Agrupamiento:	Individual.
Recurso tecnológico:	Blog [Blogger (http://elmundodelcaleidoscopio.blogspot.com/)] y vídeo (Flipgrid)
Descripción:	Los alumnos, individualmente, después de escuchar la música instrumental 'O trenzinho do caipira' de Heitor Villa-Lobos, piensan en cuatro canciones y en un grupo favorito relacionados con su vida en este momento. Pueden tomar como modelo los argumentos que ha presentado el profesor sobre sus canciones favoritas en el blog de la clase. A continuación, escriben un guion para la grabación de un vídeo en el que cuentan las sensaciones que les ha transmitido la música 'O trenzinho do caipira' de Villa-Lobos y explican por qué han elegido cada una de las canciones y el grupo favorito sin olvidar usar las estructuras para intensificar (lo que más me gusta) o expresar deseos (me gustaría). Por último, los alumnos tienen que dejar un comentario positivo en el vídeo de sus compañeros.

Actividad 2:	El regalo sorpresa (adaptado de Olivé, 2020)
Nivel:	B1
Actividades comunicativas de la lengua:	Comprensión, expresión e interacción escrita y comprensión, expresión e interacción oral.
Objetivos:	Crear cohesión grupal.
Contenidos:	Revisión de los contenidos del curso.
Tiempo:	60 minutos.
Agrupamiento:	Individual.
Recurso tecnológico:	Nube (Google Drive)
Descripción:	El primer día del curso, el profesor asigna a cada estudiante de manera secreta un compañero de clase. Durante el curso cada estudiante pondrá algunos regalos digitales en la carpeta virtual de ese alumno (infografías para revisar contenidos, canciones, carteles, vídeos, etc.). Al final del curso, los alumnos revisan los contenidos del curso cuando presentan sus regalos "Le regalo a mi compañero una infografía para que pueda ir a la consulta de un médico cuando esté en un país en el que se hable español o una canción para que pueda practicar los pasados".

3. Análisis de los recursos tecnológicos utilizados en las actividades

A partir de nuestra experiencia, destacamos que las actividades híbridas, integran todas las actividades comunicativas de la lengua, además son motivadoras e implican a los alumnos en el proceso de aprendizaje de la lengua meta, favoreciendo, en nuestro caso, el ambiente de aprendizaje de ELE. Las actividades con tecnologías fomentan el trabajo colaborativo y son cercanas y útiles para los estudiantes, incentivando también la cohesión grupal, tanto en un nivel inicial como avanzado.

A continuación, presentamos los productos finales y su potencial pedagógico desde un punto de vista tecnológico (carpeta, cuestionario, imagen, infografía, libro, vídeo y reseña) a partir de la experiencia que hemos tenido con la puesta en marcha de las actividades.

Carpeta: esta carpeta virtual (Google drive) como recurso tecnológico es un producto final que ofrece una oportunidad a los estudiantes para establecer lazos de unión entre los compañeros y ayuda a la cohesión grupal. La podemos usar en diferentes niveles como revisión del curso, siendo los estudiantes los que pueden presentar también esos contenidos. Por ejemplo, la actividad 'El regalo sorpresa' (adaptado de Olivé, 2020) que hemos presentado en el apartado anterior.

Cuestionario: el cuestionario como recurso tecnológico es un producto final en el que además de practicar los contenidos comunicativos ayuda a la cohesión grupal. En la actividad 'El club de lectura' para el nivel B2 que hemos presentado en el apartado anterior, usamos un cuestionario (Educaplay) de Talavera (2021) compartido para la comunidad de profesores con el objetivo de realizar una autoevaluación de la lectura, después sirvió como modelo para que los alumnos crearan su propio cuestionario (Genial.ly) y evaluaran otras lecturas que realizamos en clase.

Imagen: el formato virtual es accesible a los estudiantes y los anima a compartir. Podemos realizar usos diferentes de la imagen, por ejemplo, en la actividad descrita en el apartado anterior 'El influencer' (nivel B2) el alumno se identifica con un personaje ficticio y la imagen se usa como pretexto para causar el debate entre los alumnos. Además, no es necesario que los estudiantes publiquen las imágenes en su red social con su perfil (Instagram).

Infografía: es un recurso tecnológico que valora la capacidad de síntesis de los estudiantes. En la actividad 'El club de lectura' que hemos presentado en el apartado anterior los alumnos construyen junto con el profesor una infografía (Genial.ly) entre todo el grupo que ayuda a los estudiantes a entender mejor la lectura (tanto los personajes como el comienzo, nudo y desenlace de la historia), además genera mucha reflexión en el grupo y hace que los alumnos trasciendan más allá de la ficción literaria.

Libro: en el producto final, el libro (Bookcreator), se desarrolla la interacción y expresión escritas. La selección de esta herramienta en la que se practican unos objetivos lingüísticos concretos también fomentó algunos objetivos paralingüísticos como la cohesión grupal y la mejora del ambiente de aprendizaje. Un ejemplo de libro como resultado, es la actividad de nivel B2 'Historias para pensar' descrita en el apartado anterior en la que los estudiantes crean una historia a partir de tres imágenes (Flickr). Es una tarea motivadora y ayuda a que los alumnos se sientan valorados cuando ven la publicación de su obra.

Vídeo: las actividades con vídeo sirven para generar el debate y tratar temas que recojan los contenidos programados. En las actividades 'Mi serie favorita' (nivel B1) y 'La música es terapéutica' (nivel B2) presentamos ejemplos de uso del vídeo (Flipgrid) con el objetivo común de desarrollar la interacción y expresión oral. En 'Mi serie favorita' partimos de un tema común al grupo y de actualidad, las series o películas, que usamos como pretexto para que los alumnos practiquen objetivos comunicativos concretos como contar el argumento de una serie. En la actividad 'La música es terapéutica' también tratamos de encontrar puntos en común entre los alumnos y es una oportunidad de aprendizaje para los estudiantes. Esta actividad también ayuda a mejorar el ambiente de clase.

Reseña: la actividad 'El Club de lectura' es para incentivar la lectura en clase y compartir experiencias. La elección de una red social para compartir lecturas (Goodreads) nos sirve, por una parte, para rentabilizarla como profesores y, por otra parte, usar un recurso que pertenece a la realidad del alumno. Además, como el objetivo es compartir lecturas, los alumnos se muestran abiertos a pertenecer a una comunidad. En esta plataforma creamos un grupo de lectura llamado 'Alumnos de español' y los estudiantes continúan su aprendizaje en otro contexto. Cuando abrimos el foro de debate, por ejemplo, de *Un día de estos* de Gabriel García Márquez los estudiantes comentan sus opiniones sobre la lectura y el profesor aporta retroalimentación a sus intervenciones y los cita para que se sientan valorados. En esta red social también pueden relacionarse con otros usuarios y enriquecer su aprendizaje con otros puntos de vista.

Como podemos comprobar en los resultados expuestos de nuestra experiencia, estas actividades en ambientes híbridos de aprendizaje han tenido un doble papel lingüístico y paralingüístico, no solo sirven para la enseñanza de contenidos de lengua, sino que también han colaborado para mejorar el ambiente de aprendizaje en el aula. Además, fomentan el aprendizaje autónomo de los alumnos tanto fuera como dentro del aula, ofreciendo oportunidades de aprendizaje para la práctica del español en diversos contextos.

4. Conclusiones

En el aula de ELE del siglo XXI fomentamos la presencia de un profesor mediador competente digitalmente, flexible y capaz de adaptarse a los cambios tecnológicos (Instituto Cervantes, 2012; INTEF, 2017) y un alumno creativo, responsable de su propio proceso de aprendizaje y familiarizado con entornos digitales. En tercer lugar, un ambiente híbrido de aprendizaje que ofrece la oportunidad para desenvolverse en diversos contextos de la vida real.

El profesor desarrolla las estrategias de mediación (Figura 2) en función de las actividades con tecnologías que integra en el aula, adquiere un papel de facilitador, siendo el alumno el protagonista de su aprendizaje. El profesor facilitador ayuda a los alumnos a construir la teoría a partir de la experiencia. Por este motivo, en las actividades que proponemos, el profesor debe haber desarrollado competencia digital para poder ayudar a sus alumnos con los diferentes recursos digitales, y el estudiante debe ser capaz de inferir los contenidos y conseguir los objetivos comunicativos propuestos, siempre con la supervisión del profesor de manera síncrona o asíncrona. Además, el profesor puede crear espacios para la reflexión después de la actividad tanto de forma síncrona en la clase o asíncrona en la plataforma de gestión del aprendizaje que comparte con sus estudiantes (Edmodo, Google Classroom) y continuar construyendo conocimiento juntos.

El alumnado autónomo realiza tareas para la adquisición de la lengua meta y desarrolla otros conocimientos trasversales como mejorar su competencia digital, y es capaz de crear productos digitales útiles para la vida real. Además, la tecnología facilita a los alumnos otras oportunidades de aprendizaje tanto fuera como dentro del aula en contextos de comunicación. En estas actividades observamos cómo el alumno en muchos casos transciende a otros objetivos y consigue un mayor desarrollo en su aprendizaje.

Referencias bibliográficas

Baritz, B., & Lanners-Kaminski, P. (2020). Engaging foreign language students via hybrid learning. *Revista Lengua y Cultura: Enseñanza de lenguas a través de la tecnología, 1*(2). https://doi.org/10.29057/lc.v1i2.5435

Bustamante, C. (2020). TPACK-based professional development on web 2.0 for spanish teachers: a case study. *Computer Assisted Language Learning: An International Journal, 33*(4). https://doi.org/10.1080/09588221.2018.1564333

Castañeda, D. A. (2021). Improving conversational interactions with task-based activities in a spanish as a second language class. *Computer Assisted Language Learning: An International Journal, 34*, 1154-1181. https://doi.org/10.1080/09588221.2019.1666149

Consejo de Europa. (2021). *Marco común europeo de referencia para las lenguas: aprendizaje, enseñanza y evaluación.* Ministerio de Educación, Cultura y Deporte/ Instituto Cervantes. https://cvc.cervantes.es/ensenanza/biblioteca_ele/marco/cvc_mer .pdf

Fernández Martín, P. (2018). La enseñanza de lenguas extranjeras a través de las nuevas tecnologías: reflexiones y propuestas. *Thélème. Revista Complutense de Estudios Franceses, 32*(2), 139-158. https://doi.org/10.5209/THEL.59585

Filiz, S., & Benzet, A. (2018). A content analysis of the studies on the use of flipped classrooms in foreign language education. *World Journal of Education, 8*(4), 72-86. https://doi.org/10.5430/wje.v8n4p72

García, M. (2021). *Crímenes ilustrados*. Plaza y Janés. https://crimenesilustrados.com/

Granena, G. (2016). Cognitive aptitudes for implicit and explicit learning and information processing styles: an individual differences study. *Applied Phycholinguistics, 3*(37), 577-600. https://doi.org/10.1017/S0142716415000120

Hernández Muñoz, N., & Román-Mendoza, E. (2018). Aprende conmigo: exigencias de la era digital para las buenas prácticas en la enseñanza de segundas lenguas. *Círculo de Lingüística Aplicada a la Comunicación, 76*, 31-48. https://doi.org/10.5209/CLAC.62496

Hernández Torres, A. (2009). Diseño de materiales didácticos E/LE a través de la web 2.0 otras estrategias didácticas. *MarcoELE-Revista de didáctica de español como lengua extranjera, 9*. https://marcoele.com/suplementos/v-enbrape/

Instituto Cervantes. (2006). *Plan curricular del Instituto Cervantes: niveles de referencia del español*. Biblioteca Nueva.

Instituto Cervantes. (2012). *Las competencias clave del profesorado de lenguas extranjeras*. https://cvc.cervantes.es/ensenanza/biblioteca_ele/competencias/default.htm

INTEF. (2017). *Marco Común de Competencia Digital Docente*. Instituto Nacional de Tecnologías Educativas y de Formación del Profesorado. Ministerio de Educación. http://aprende.intef.es/sites/default/files/2018-05/2017_1020_Marco-Com%C3%BAn-de-Competencia-Digital-Docente.pdf

Juan-Lázaro, O., & Alejaldre Biel, L. (2020). *Competencias digitales en el aula. Estrategias y modelos de implementación en la enseñanza de idiomas*. Enclave-ELE.

Krashen, S. (2003). *Explorations in language acquisition and use: the Taipei lectures*. Heinemann. https://www.researchgate.net/publication/349255011_Explorations_in_Language_Acquisition_and_Use

López García, J. C. (2015). *SAMR, modelo para integrar las TIC en procesos educativos*. Eduteka. http://eduteka.icesi.edu.co/articulos/samr

Martín, E., Muntal, J., Pastor, C., Sánchez, N., & Sans, N. (2013). *Gente Hoy 3* (Libro del alumno). Difusión

Martín, E., & Sans, N. (2013a). *Gente Hoy 1* (Libro del alumno). Difusión

Martín, E., & Sans, N. (2013b). *Gente Hoy 2* (Libro del alumno). Difusión

Noa, S., Laura, K., Apayco, L., Ramos, Z., & Lujano, Y. (2022). B-learning en la enseñanza del idioma inglés en el nivel superior: una revisión sistemática. *Revista Innova Educación, 4*(2), 92-112. https://doi.org/10.35622/j.rie.2022.02.006

Olivé, C. (2020). Caja sorpresa en tiempo del confinamiento. *Twitter*. https://twitter.com/xtianolive/status/1260229637004767232?lang=bg

Pozo, J. I. (2018). *Aprendiendo a jugar partido en la educación. Activos de aprendizaje de F. Trujillo*. SM. https://aprenderapensar.net/wp-content/uploads/2018/11/Primeras-p%C3%A1gina-de-Activos-de-aprendizaje.pdf

Segalowitz, N. (2003). Automaticity and second languages. In C. Doughty & M. H. Long (Eds), *The handbook of second language acquisition* (pp. 382-408). Blackwell. https://doi.org/10.1002/9780470756492.ch13

Talavera, R. (2021). *Autoevaluación*. Educaplay. https://es.educaplay.com/recursos-educativos/610728-autoevaluacion.html

Vygotsky, L. S. (1978). *Mind in society. The development of higher psychological processes*. Harvard University Press.

Wu, M. (2021). The applications and effects of learning English through augmented reality: a case study of Pokémon Go. *Computer Assisted Language Learning: An International Journal, 34*(5-6), 778-812. https://doi.org/10.1080/09588221.2019.1642211

Author index

A
Antela Costa, Paula v, 6, 157
Arribas-Tomé, Marián v, 5, 129

B
Barquín Sanmartín, Lourdes v, 3, 73

C
Colomer i Domínguez, Vicens vi, xi, 1

D
Del Pozo García, Alba vi, 2, 55
Díaz-Bravo, Rocío vii, 1

H
Hernández-Martín, Lourdes vii, 1, 11
Hernández-Torres, Alfonso vii, 6, 173

R
Rabadán Gómez, Marina viii, 6, 157

S
Saborido Beltrán, Mario viii, 4, 109
Solá Simón, Elena ix, 4, 89
Soler Montes, Carlos ix, 1, 2, 29

www.ingramcontent.com/pod-product-compliance
Lightning Source LLC
Chambersburg PA
CBHW021842220426
43663CB00005B/362